통일?

발상의 전환이 없으면 통일은 먼 나라 이야기일 수도 있다.
그렇지만 우리는 그 이야기를 시작해야만 한다.

4차산업시대를 반영한
통일 후 3년

이 책에서 말하는

통일 이란?

우리가 이야기하는 통일=하나의 한국은 완벽한 정치 체계의 통합을 이야기하는 것은 아니다. 우리는 70여년을 다른 정치적 이념 속에서 살아왔다. 어려움이 많을 것이다. 그러나 언젠가는 가능할 것이다. 그렇지만 우리는 통일을 이야기하고자 한다. 아니 이야기해야만 한다.

우리가 정의하는 하나의 한국 즉 통일은, 아주 간단하게 설명하면 '양쪽의 사람들이 자유롭게 상대방의 지역을 '허가받지 않고 여행하고, 일(Business, Work)하는 것을 이야기한다. 독일의 통일이 '여행'에서 시작한 것처럼 말이다.

4차산업시대를 반영한
통일 후 3년

4korea.co.kr

왜?
통일 후 3년 인가?

남북한의 사람들이 '허가받지 않고 여행하고, 일(Business, Work)하는 상황.'은 곧 이루어질 것이다. 그리고 그것은 우리에게도 인류에게도 '위대한 시작'이 될 것이다. 많은 혼란이 있을 수도 있고, 많은 어려움이 있을 수도 있다. 그렇지만 그 속에서 우리는 '답'을 찾을 것이고, '위대한 결실'을 맺을 것이다.

최근 70여년간 남한과 북한이 이루어 놓은 '모든 부가가치'를 '3년'만에 만들어 낼 것이다. 피부와 닿은 상황으로 설명하자면, 70여년간 나왔던 '백만장자', '억만장자' 보다 더 많은 수가 '3년'안에 만들어질 것이다.

그러면 우리는 '어떻게' 이 기회를 잡고, 위기를 건너갈 수 있는가?

준비하자는 이야기이다!
대비하자는 주장이다!

대한민국의 미래를 위하여!
4korea!

4차산업시대를 반영한
통일 후 3년

4차 산업시대?는 또 무엇인가?

4차 산업은 시간을 압축해 발전해 나간다.

70년의 변화가 '3년'에 압축되어 이루어지는 이유는 단 하나이다. 현시점이 바로 '4차산업'의 폭발적 확대의 시기이기 때문이다. 북한의 대부분 지역은 1차~2차 산업의 상태로 남아 있다. '백지'의 상태나 마찬가지이다. 4차산업의 구상을 완벽하게 그려낼 수 있다. 그리고 남한의 인프라는 1~3차산업의 단계를 1~2세대 즉 30~60년 동안 이루어 왔다. 즉 그 장단점을 눈으로 보고, 몸으로 느끼며 살아온 사람들이 살아 있다는 것이다. 이러한 양쪽은 '완벽한 4차산업 혁명'을 구현해낼 수 있다.

고구려 시대 이후 잊어버렸던 동북아의 주도권을 다시 잡을 기회를 우리는 지금 얻은 것이다. 앞으로의 준비와 실천이, 지난 70여년을 보상받고, 한민족의 찬란하고 영광스런 천 년의 초석이 될 것이다.

어느 날

통일이 된다면 …

당신의

미래는?

통일 관련 비즈니스에 관심이 있는 분들은
88페이지를 참조하세요!

Wir sind ein Volk.

(우리는 한 민족이다.)

1989년 11월 9일 베를린 장벽 붕괴 후에도 동독 주민들의 시위는 계속됐는데, 11월 중순부터 갑자기 이 구호가 나오기 시작하였다. 동독 주민들이 통일을 원하기 시작했다.

4차산업시대를 반영한

통일 후 3년

저자

통일과 미래연구가 **곽랑주** 는
미래 생존전략과 리더십에 관련된 강연과 집필을 하고 있다.

인사기획 컨설턴트 **김경현** 은
기업의 인사와 기획에 관련된 컨설팅과 강의를 하고 있다.

미래 산업 분석가 **김상우** 경영학 박사는
대학에서 경영학강의와 언론사에서 산업분석을 하고 있다.

4korea.co.kr

UNIST "2020 미래전략" '통일나무한그루'

HVC 과장급교육

국토교통부 사고조사위 특강 '통일 후 3년' (2018)

"미래사회의 메가트랜드" 미래에 적응하는 조직활성화

의성과생존전략 협상을 주도하는 대화법 4차산업 분석 Tool

속에서 대인관계해결과 커뮤니케이션 미래환경과 전략

를 준비하자! 상사를 설득하는 기획서 Value?! AHP '인사 기획 전략 컨설팅

과 리더십 전략이 취업을 이긴다 (계층분석)

성협력사고교육 2세경영인 대상 Platform 절대가치 세일즈

공하는 '미래경영인'의 조건 & 프로파일링

Management philosophy & Strategy AI

optimal solution Decision Making Big DATA

Reasoning skills Back to the Basic! "생존전략" KPI key Performance Indicator

About RISK-Signal, VaR, Profiling, Modeling

One KOREA And then ...

만약 통일이 되면 한국은 세계에서 유일하게
'매력적인' 투자처가 될 것이다.

짐 로저스 (Jim Rogers)

목차

4차산업시대를 반영한
통일 후 3년
(One Korea. And then?)

붙임

마치며

One KOREA!

이 책은

통일 비즈니스에

대하여 고민한 이야기이다.

이 책은

4차 산업에

대한 이야기를 담고 있다.

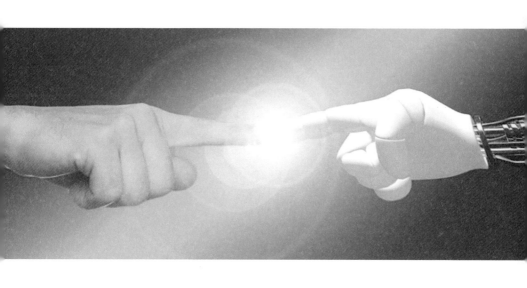

For
KOREA!

Why to Do!
What to Do!
How to Do!

제1장 통일, 결국 이렇게 된다

1-1 당위성

우리는 원래 하나였다.
그리고 피해국이었다.

2차 세계대전을 일으킨 나라는 독일과 일본이다. 전쟁 이후 유럽에서 분단된 나라는 '독일'이다. 전범 국가가 분단된 것이다. 당연한 일이다. 그런데 아시아에서는 전범 국가인 일본이 아닌 피해국인 우리나라가 분단되었다. 이상한 일이다.

이것은 마치 유럽에서 프랑스나 폴란드 또는 오스트리아가 분단되는 것과 같다. 이상 하지 않은가? 그런데 그 일은 일어났다.

어떤 이들은 이런 이야기를 한다. "우리가 힘이 없었다. 스스로 독립한 것이 아니지 않으냐!"라며 책임론을 이야기한다. 그런데 프랑스나 폴란드 역시 스스로 독립을 얻어낸 것이 아니다. 우리는 반만년 동안 한민족이었고, 이제 70여 년 분단되어 있는 것이다. 결국, 다시 하나가 되어야 마땅하다.

이상한 지도들

Poland

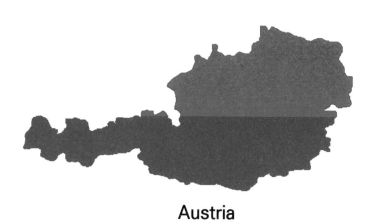

Austria

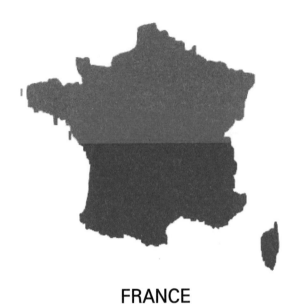

FRANCE

"잠시 시간이 있으시면 강의 내용 중 한 가지에 대해서
드릴 말씀이 있습니다. "

통일 후 3년 강의를 마치고 강의장을 떠날 때, 한 분이 조심스럽게 양해를 구하셨다. 그리고 시작된 이야기는 조금 길게 이어졌다.

'아까 예로 들으셨던 프랑스의 경우 국제적으로나 국내적으로 '인정'받은 정부가 있었습니다. 우리는 임시정부가 있었으나 대표성을 국제적으로 인정받지 못한 것이 아닌가 생각됩니다.'

강의에서 전범 국가였던 독일이 분단되었듯이 일본이 분단되는 것이 맞지 않는가? 라는 논리를 설명하기 위하여 유럽에서는 독일이 아니라 '프랑스' 또는 '폴란드' '스페인'이 분단되었다면 어떻게 느껴지겠는가? 말했던 사례를 지적하신 것이다. 인정한다. 역사에 '만약'이라는 것은 없다. 그러나 옳고 그름을 후대에 판단할 때, '만약 그때 이렇게 되었으면 어땠을까? '하는 복기는 유용하다. 같은 실수를 다시 하지 않도록 말이다.

우리는 왜 국제적으로 인정받지 못했을까요?

우리는 대륙의 끝자락에 있다.
그러나 '섬'처럼 살고 있다.

분단은 단순히 남한과 북한의 '오고 감(왕래)'만을 막은 것이 아니다. 반도국가는 대륙과 바다의 연결통로라는 지정학적인 특성이 있다. 즉 대륙이 바다로 나아갈 때, 가장 빠른 항구를 제공할 수 있으며, 바다를 통해 넘어 들어 온 인력과 물류를 육지로 운반할 때, 가장 빠른 도로를 제공할 수 있다. 그런데 남한과 북한이 휴전선으로 가로막혀 있음으로써 바로 갈 수 있는 길을 멀리 중국으로 돌아가는 상황이 되었다. 이것은 인류 전체로 보아도 손해이다. 바로 갈 수 있는 길을 멀리 돌아가면 에너지의 낭비이다. 즉 분단은 그 자체로 주위의 모든 나라에 계속 낭비를 하게 만드는 요인이다.

한 가지 작은 사례는 천연가스이다.

대한민국과 일본은 막대한 양의 에너지를 수입한다. 석유가 대부분이다. 그런데 이 에너지를 파이프라인으로 공급받는다면 어떨까? 우리의 삶 속에서 비슷한 사례로 도시가스(액화천연가스 LNG liquefied natural gas)가 있다. 도시가스가 집까지 연결되지 않았을 때는 가스레인지에 불을 켜기 위해서 가스통을 설치하고 떨어지면 다시 주문해야 했다. 액화석유가스(LPG liquefied petroleum gas)이다. 그런데 문제는 떨어지고 배송이 될 때까지 가스가 떨어지는 문제가 생긴다. 그래서 2통을 놓고 쓰기도 한다. 부피도 많이 차지하고 불편하다. 지금 우리는 이러한 불편을 겪고 있다. 그런데 이 천연가스의 대규모 매장지는 중동, 유럽, 북아프리카 그리고 러시아이다. 러시아에서는 대량으로 생산되고 수출이 되고 있다. 그것도 파이프라인으로 말이다.

통일은 막혀있던 대륙과 해양을 연결하게 되는 일이다.
이는 이 시대에 경험하지 못했던, 새로운 변화의 전주곡이다.

이산가족 … 그 통한의 슬픔

70년의 세월 동안 남과 북으로 나누어진 이산가족이 존재한다. 우리 한 번 생각해보자. 당신이 갑자기 가족들에게 소식을 전할 수도 없고, 만날 수도 없다면 어떨까? 느낌이 어떻겠는가? 그 세월이 70년이 넘었다. 이산가족들이 그런 상황이다. 죽기 전에 얼굴이라도 보고 싶은 상황이다. 그들에게 기회를 주는 것, 인도주의적 입장에서 당연하다.

통일이라는 자유로운 왕래라는 상황이 아니면, 이들을 만나게 해드릴 방법이 없다. 안타까운 시간은 계속 흘러가고 있다. 다시 한 번 이야기 하겠다. 당신의 어머니를 아버지를 형제를 자매를 다시는 볼 수 없다면 얼마나 서러울까? 이산가족들은 그러한 아픔을 가지고 있는 것이다. 이산가족상봉이라는 행사가 있지 않으냐? 라는 의견을 제시할지도 모른다. 그러나 이산가족상봉을 위해서는 로또에 맞을 확률이나 거의 다름없는 상황이다. 즉 원하는 사람 중에 아주 극히 일부만 만나게 된다. 게다가 단 몇 시간 식사를 같이할 뿐이다. 그 긴 세월을 다 이야기할 시간도 없다.

경제적인 협력, 여행의 자유, 남북한의 사람들이 자유롭게 만날 수 있는 상황이 나는 '통일'의 시작이라고 '정의'한다. 죽기 전에 만나고 싶은 사람들을 만나게 해 주는 것, 그것이 인도주의적 세계사적으로도 옳은 일이다. 다시 말하지만, 통일은 우리 민족만의 일이 아니다. 세계사적으로 인류적으로 의미가 있는 일이다.

당신이 보고싶은 가족을 못 만난다고 상상해 보라!! 얼마나 비인간적이고 슬픈 일인가?

Review

1-1 당위성

우리는 원래 하나였다.
그리고 피해국이었다.

우리는 '반도'에 자리 잡고 있다.
그러나 '섬'처럼 살고 있다.

이산가족에게
기회가 사라지고 있다.

1-2 찬성과 반대 이유

찬성의 이유

현재 50대 이상의 찬성 이유는 이런 식이다. 우리는 한민족이고, 그래서 통일을 해야 한다. 이런 식이다. 그러나 구체적으로 우리에게 얼마나 이익이 되는지, 손해가 되는지에 대하여 알지 못한다. 그래서 반대하는 사람들의 말을 듣고, 반박하지 못하는 경우가 많다. 어쩌면 1970~1980년대의 통일 교육의 영향일 수도 있다. 그 세대는 '우리의 소원은 통일, 꿈에도 소원은 통일~'이라는 노래를 배웠던 세대이니까 말이다. 너무 당연해서 이유를 설명하기 힘든 상황이다.

그리고 조금 생각하고 나서는 '통일에 들어가는 비용'보다 '통일 후에 얻을 수 있는 실질적인 이득'이 더 높다는 것에 집중한다. 그것은 분명 옳다. 그러나 '나'라는 개인에게 얼마나 이득이 될지는 생각하지 않는 것이 '현실'이다. 통일의 준비는 여기에서 시작되는 것이 옳다고 나는 주장한다. '통일'은 '기회'다. '통일'은 '대박'이다. 생각하면서 정작 통일 후에 무엇을 할 것인가를 생각하고 계획하고 준비하지 않는 사람이 대부분이라는 것이다.

준비하는 자가 결과를 얻는다. 이 단순하고 중요한 사실을 우리는 잊고 있는 것은 아닌지? 안타까움에 이 책이 기획된 것이다. 정부에서는 통일에 대하여 찬성하는 근거를 다음과 같이 이야기한다.

통일부[주] '3대 공동체 통일구상'은 다음과 같다.

......
주) 3대 공동체 통일구상
통일 필요성의 재인식 고성준(제주대 교수) 통일부 통일교육원

통일 구상	과제	주요 내용
평화 공동체	비핵화 등 한반도 평화 정착	· 북한 핵문제 해결을 통해 한반도 실질적 평화 정착 실현 　- '그랜드바겐'을 통해 구체적인 비핵화 조치 실행 · 남북한 군비통제 등 한반도 평화유지를 위한 실질적 과제 추진
경제 공동체	교류협력과 북한의 경제개발 지원, 경제통합	· 남북 교류협력의 안정적 발전, 남북간 경제통합 촉진 · 국제사회와의 협조를 통해 북한 경제 개발 지원 · '비핵·개방·3000' 프로젝트 본격 가동을 통해 북한 주민의 삶의 질 개선 및 남북간 경제격차 축소
민족 공동체	평화통일을 위한 분야별 과제 해결	· 제반 분야의 동질성 회복, 통일을 위한 상생공영의 남북관계 완성 · 한민족 모두의 존엄과 기본권, 자유·복지가 보장되는 공동체 건설

'3대 공동체 통일구상'은 1994년 이후 줄곧 유지되어 온 '민족공동체 통일방안'의 틀 내에서 변화된 대내외 환경을 고려하여 공동체를 보다 구체화한 것이라 할 수 있다. 주1)

그리고 2018년 현재 정부의 '통일'에 관한 입장은 '한반도 신경제공동체 구현'이다. 즉 한반도의 경제적 통합을 통해 동북아시아의 평화와 번영에 기여한다는 비전을 제시하고 있다.

사실 이 기조는 이전에 있었던 3대 공동체 통일구상과 실체적으로 동일하다. 즉 '경제공동체'로의 방안을 조금 더 구체화하고 있다. 정권이 보수이든 진보이든 자본주의의 기반 위에 있는 것임으로 '통일'에 대한 기본입장은 같다고 볼 수 있다.

이번 정부의 통일에 대한 기조도 당연히 '자본주의 경제'체제의 유지를 기본으로 하고 있다.

한반도 신경제지도 구상 개요	
비전	한반도경제통일 동북아평화와 번영
목표	① 북한 변화와 남북경제통일 기반 조성 ② 우리 경제의 신성장동력 확보 ③ 동북아 평화경제공동체 구축
원칙	① 국민적 합의 기반 ② 포괄적 호혜주의 견지 ③ 남북합의 및 국제규범 준수
전략	① 능동적 환경 조성과 유연한 접근 ② 단계적 추진과 상호 융 복합성 강화 ③ 주변국 정책과의 조화 ④ 새로운 남북경협 방식 모색

▲

환동해권	환서해권	접경지역	'하나의 시장'협력
▼	▼	▼	▼
에너지 자원 벨트	물류 산업 벨트	평화 벨트	경제공동체

즉 우리가 주장하는 '통일'에 대한 입장은 '자본주의적 경제적인 통합'에 있는 것이다. 이 내용은 1990년대부터 지금까지 일관되게 유지되고 있다.

반대의 이유

통일을 반대하는 이유 중 가장 두 가지가 있다. 그 첫 번째는 '경제적인 이유'이다. 통일비용이 엄청나게 들고, 그것은 전부 우리의 세금이라는 이유이다. 대략 10년간 2,100조가 들 것이라고 예상한다. 주)
그리고 그 비용의 대부분 초기 즉 통일의 시작 부분에 사회간접자본(SOC)의 비용으로 투자되리라는 것이다. 즉 막대한 비용이 투입되고, 그 비용은 모두 우리 대한민국이 부담하기 때문이라는 것이다.

두 번째는 '북한이 과연 자본주의를 받아들일 것인가?'라는 것에 있다. 개성공단의 경우 우리가 인프라 및 투자를 다 하였는데, 언제든 멈출 수 있는 것이 '북한'이라면 어떻게 믿고 투자할 수 있느냐? 는 뜻이다. 즉 '공산주의'체제가 '자본주의'체제와 이질적인데 어떻게 합쳐질 수 있느냐이다.

그리고 '통일에 찬성'하는 의견을 가지고 있는 분들도 '급작스러운 '통일'은 반대하는 견해가 많다. 개성공단의 경우처럼 금강산 호텔의 경우처럼 '실수'를 만들지는 말자는 것이다. 당연하다고 생각한다. 충분히 반대할 수 있고, 근거도 있다. 나는 이러한 입장을 제시하는 것은 아주 좋다고 생각한다. 어떤 의견도 제시되는 것이 발전을 위해 도움이 되기 때문이다. 가장 나쁜 것은 '무의견'이다. 통일에 찬성도 반대도 하지 않는다면 정말 반대하는 것이기 때문이다.

......
주) 최근 영국 자산운용사 유리존 SLJ 보고서는 한반도 평화 정착에 필요한 비용이 향후 10년간 2,167조 원(약 1조 7,000억 유로)에 이를 것이라고 추정했습니다. 이 수치는 독일 통일 과정을 참고로 향후 10년간 남북통일 과정에 필요한 경제적 비용을 추산한 것입니다.

찬성도 반대도 충분히 일리가 있다.

그런데

남한과 북한은 상호 부족한 부분을 보유하고 있다.

서로에게 부족하고, 또 채울 수 있는 것!

남한은 **"수요"**가 필요하고!

북한은 **"공급"**이 필요하다!

Review

1-2 찬성과 반대

찬성:
우리가 주장하는 '통일'에 대한 입장은 '자본주의적 경제
적인 통합'에 있는 것이다.

반대:
엄청난 통일 비용과
북한체제의 불확실성

1-3 가능한 시나리오

A. 전쟁에 의한 통일

강한 쪽이 약한 쪽을 제압하고, 억압하는 강제에 의한 통일이다. 이것은 엄밀하게 말하면 통일이 아니라 점령이다. 그 과정에서 기존에 있는 체계는 거의 다 사라져버린다. 즉 현재 상황에서 전쟁이 일어나면 남북한의 거의 모든 사회적 인프라는 파괴될 것이고, 양쪽 모두 피해만 있는 상황이므로 고려할 수 없다. 일어나서는 안 되는 통일 방식이다. 만약 전쟁이 일어난다면 그것은 북한의 지도부가 군에 대한 통제권이 사라진 상황에서 우발적인 경우에만 가능하다고 본다. '비정상적인 쿠데타'의 상황에서만 가능하다. 또한, 일부 접경지대 부대의 국지적 도발 가능성도 고려해야 한다. 즉시 억제해야 하지만 확대하는 것을 막기 위해 '핫라인' 구축이 선행되어야 한다.

B. 평화적이지만, 전체적이고 빠른 통일

독일의 통일은 급하고 갑작스럽게 일어났다. 그로 인한 많은 문제가 발생하였다. 그중 사회적인 문제를 중심으로 살펴보겠다. 동독지역의 산업이 붕괴하면서 실업이 증가하게 되었다. 그로 인해서 서독과의 경제적 불평등이 심해졌다. 당연히 지역 갈등이 생겨났다. 그래서 서로를 '무능한 동쪽 사람(Ossis)', '오만한 서쪽 사람(Wessis)'라고 부르는 상황이 되었다. 그리고 동독 주민들은 과거의 동독 시절을 그리워하는 상황까지 벌어졌다. 주)

독일은 통일 이전에도 무역, 여행, 청소년, 스포츠, 언론, 지역, 문화 등 다양한 형태의 교류가 있었다. 그러나 우리는 이산가족이 서신조차 교환할 수 없는 상황에서 70년을 보냈다. 만약 갑작스러운 통일의 과정이 온다면, 남북한의 이질성으로 인한 갈

......
주) 한반도 통일의 효과 P112

등은 독일보다 심할 것이다. 평화적이라는 전제는 꼭 필요하지만, '빠른' 통일은 그만큼 많은 문제를 만들어 낼 것이다. 그러면 가장 합리적인 통일의 시나리오는 무엇일까?

C. 평화적이고, 부분에서 시작하여 전체로 가는 느린 통일

평화적으로 남한과 북한의 정치적인 합의에 따라서 통일은 진행되어야 한다. 먼저 민간과 경제적인 교류로 시작해야 한다. 정치와 행정의 체계는 양쪽이 그대로 유지하되, 경제적인 협력을 통해 부가가치를 만들어 가는 시작이다. 이때, 북한의 경우 중국식의 개혁개방모델을 참고하는 것이 가장 합리적이다. 즉 30~50년 동안 땅의 사용권을 인정해주고, 경제시설을 허용한다. 그리고 시설 구축에 필요한 자본은 들여와 그 기간 동안 경제활동을 영위하도록 한다.

1차 산업인 농업은 생산성이 비약적으로 확대될 것이다. 현재 비료가 없어서 퇴비를 생산하는 데 시간이 걸리지만, 남한의 비료 공장에서 비료를 가져가고, 트랙터 콤바인 등 농업 생산기기들이 들어가면 첫해부터 생산량은 최소 50% 최대 300%까지 확대될 것이다. 농장에서 일하는 북한 인력에 급여와 함께 남한에 남아도는 '정부미'를 공급한다면 빠르고 실질적인 도움이 될 것이다. 쌀은 일할 인력에 선지급하는 방식도 검토해야 한다. 2년째부터는 농장에서 생산되는 품목으로 상당한 처리가 가능할 것이다. 이때부터 전체적인 소요, 즉 쌀의 수요 및 여타의 농업생산물의 다양화 수요파악을 해 가야 한다. 농장들은 각각 미래의 경쟁체제가 될 것이므로, 특산물의 부가가치에 대한 전략이 있어야 한다.

2차 산업인 제조업의 경우 시설을 설치하고 생산품이 나와서 부가가치가 생기기까지 최소한 2년 이상이 필요하다. 그렇지만 남한에서는 이미 사양산업이 되고, 사라져 가는 제조업을 북한으로 확대하면 부가가치가 높을 것이다. 남한의 숙련된 경영 및 관리인력과 북한의 낮은 임금의 인력 등이 발휘하는 시너지는 일정 기간 이후 세계적으로 경쟁력을 발휘할 것으로 예측된다. 우선적으로 섬유, 신발, 의류 등 경공업 위주의 공장이 유리하다고 본다. 즉 중국의 인건비가 높아진 상황에서 북한은 이러한 경공업의 경쟁력이 높아졌다. 개성공단에서 시도해 본 경험이 있으니, 북한 주민들에게 많은 일자리를 만들 수 있으므로 좋은 선택이라 할 수 있다. 중공업 분야도 시설의 설치 등에 시간이 걸리고 자본이 들지만, 부가가치가 높은 분야이다. 지하자원을 채굴하고 그것을 가공하는 산업은 남한의 기업이 주도하고 북한이 지분을 나누는 방식으로 시행해야만 한다. 특히 '희토류'의 채굴 및 수출업무는 공기업에서 주도하도록 해야만 한다. 이것에서 나오는 부가가치로 전체 통일비용의 부담을 2년째부터는 줄일 수 있으며, 남한에서 필요로 하는 희토류를 전량 저렴하고 안정적으로 공급받음으로써 가격 경쟁력이 높아져 수출의 경쟁력이 높아질 것이다.

즉 1차산업 2차산업의 상당분야를 양쪽 정부의 주도로 진행하는 것이 옳다. 그리고 2차 산업 중 경공업과 3차 서비스 산업 즉 여행 레저 관광 사업의 경우 민간자본의 순수한 투자와 수익을 보존해 주는 방식으로 시행하는 것이 옳다고 생각한다. 사회간접자본의 경우 정부주도로 하는 것이 옳다. 그래야 한꺼번에 많은 일자리를 해결할 수 있으며, 필요한 시간 내에 구축이 가능하다. 도로를 구축할 때, 기존의 방식이 아닌 재활용플라스틱을 활용한 첨단산업을 들여오는 것도 적극적으로 검토해야 한다.

통일은 어떤 방식이어야 할까요?

2018.11.02 M 대학교 학생들에게 물었습니다.

(설문에 답한 인원은 모두 20대입니다)

정치를 통일한다기보다는 거래, 도로 등과 같이 활용 가능한 일들만 중점적으로 통일되면 좋을 것 같다. 평화적으로 대화를 통해서 통일되었으면 좋겠다. 만약 평화통일이 안 된다고 하면, 차라리 통일을 하지 않는 편이 나을 것 같다.

....

통일은 급격하게 진행할수록 국가적으로 퇴화할 것 같다. 아무리 평화적인 방식으로 통일을 진행한다 하여도 그 속도가 빠르다면 모두가 고통받을 것이다. 먼저 남과 북이 서서히 경제력을 맞춰나가야 한다. 남한 측이 북한 측보다 글로벌화 돼 있으며, 기술력이 높으므로 북측에 기술을 전수해줘야 하고, 북한은 남한이 가지지 못한 자원을 활용하여 서로에게 힘이 되어 시너지를 높여야 한다. 고로 먼저 통일이 되는 것보다 서로 간의 교류량을 높여 경제력을 높인 후에 국가 안보적으로, 시민의식 등 사회적 문화적인 측면을 맞추어 나가야 한다고 생각한다.

(서서히 녹아들거나 융합되는 방법)

....

충분히 대화와 협상을 통하여 남북의 절충점을 찾게 된다면 그때는 통일이 되어도 된다고 생각합니다.

통일은 아무래도 식량이나 기술력 등은 우리나라가 우위를 점유하고 있다. 즉 생산력에 관한 기술력이나 기술인력 등에는 절대 우위를 가지고 있고, 북한의 경우는 천연자원이나 군사력 등에서 우위를 점유하고 있다고 생각이 된다.

통일에 관해서는 우리나라에 있어서 불리, 불합리하다고 생각하지만 전 세계적으로 봤을 때는 통일을 하는 것이 더 이득을 가질 수 있고, 세계 경쟁력에서 우위를 점할 수 있다고 생각한다. 우리나라는 식량, 평균적인 기술력을 전달해 주되, 핵심적인 것에 대해서는 아직까지 주지 말고 우리쪽에서 대신하는 방안으로 가고, 북한은 인력이나 군사력에 대해서 공유를 해주며, 서로서로 구역을 나누어야 한다고 생각한다.

통일은 무력사용이 이루어져서는 안 된다고 생각한다. 전쟁이나 무기를 통한 통일은 실패로 돌아갈 것이다. 현재 평화 통일을 언급하는데 대화를 통해 남북 간이 최대한 평화적으로 이루어져야 한다.

통일은 해야 한다. 북한이든 남한이든 두 개 중 한 국가 안에 정서나 문화를 강요하지 않고, 서로 절충하며 합의점을 내야 한다고 생각합니다. 또한, 우선적으로 이산가족을 중심으로 그 절충안을 찾고 실현시켜야 하며, 학교에서는 서로의 문화 이해를 중점으로 가르치고 성인들에게도 이수교육시간을 할당하여 문화이해에 많은 시간과 노력을 투자해야 한다고 생각합니다.

지금 하고 있는 남북정상회담을 주기적으로 점차 늘려가며, 우선 이산가족부터 모두 재결합하게 한 후, 그 이후에 제대로 된 국제협회(?)에서 완벽하게 이루어지는 방식

....

한국이랑 북한 통일하면 합의하는 가능성이라고 생각합니다. 북한은 가난한 나라라서 우리가 경제적으로 지원하고 북한은 우리한테 군사력 지원하고 평화롭게 지냅니다.

....

합의하에 이루어지는 평화통일이어야 한다고 생각

- 통일의 방식도 중요하지만, 통일 후의 행보가 중요

- 한쪽(남한)으로 치우쳐질 인구문제를 정부정책와 지원 프로그램으로 해결

- 북한에서 이루어질 도시개혁 등이 이루어질 수 있도록 노동력 적극 지원

....

김서온, 이조원, 김진희, 장효은, 박나현, 김정효, 오수지, 궈효리(중국학생), 신동진

답변해주신 여러분께 감사드립니다.

Review

1-3 가능한 시나리오

A. 전쟁에 의한 통일
B. 평화적이지만, 전체적이고 빠른 통일
C. 평화적이고, 부분에서 시작하여
   전체로 가는 느린(점진적) 통일

독일 통일 후 실업률의 변화

(한반도 통일의 효과 중에서)

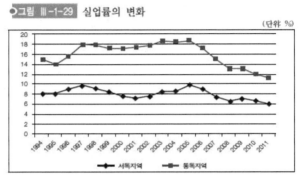

●그림 Ⅲ-1-29 실업률의 변화

(단위 %)

출처: Statistik der Bundesagentur für Arbeit, *Arbeitslosigkeit im Zeitverlauf*,
<http://statistik.arbeitsagentur.de/Navigation/Statistik/Statistik-nach-The
men/Zeitreihen/zu-den-Produkten-Nav.html>; 한국정치학회, 『통일편익 연
구』 (통일부 정책용역과제 최종보고서, 2013), p. 38 재인용.

갑작스러운 통일임에도 불구하고 독일의 실업률은 지속해서
줄어드는 경향성을 보인다.
우리는 충분히 준비할 시간이 있고 효과를 볼 수 있다.

독일통일은 분명 초반에는 구동독지역의 경제재건과 서독지역과 같은 수준의 각종 사회보장제도의 적용, 그리고 1:1 화폐통합 등에 필요한 막대한 재원조달로 인하여 경제와 재정에 어려움이 야기되었던 것이 사실이다. 그러나 구동독지역의 사회, 경제적인 통합이 진전되고 풍부한 노동력이 확보되며 시장이 확대됨으로써, 통일독일의 경제 활력은 더욱 높아졌고 유럽의 리더로서 독일의 역할은 더욱 강화되고 있다.

(독일통일총서10 통일비용분야 중에서)

4차 산업시대

한반도 통일

Mega Paradigm Shift ^{주)}

......

주)

: Paradigm (패러다임)

한 시대의 사람들의 견해나 사고를 근본적으로 규정하고 있는 인식의 체계. 또는, 사물에 대한 이론적인
틀이나 체계. 순화어는 '틀'.

1.농업

인류가 겪은 첫 번째 큰 체계의 변화(패러다임 시프트)는 '농업'이었다. 신석기시대 채집 경제에서 식량 생산 즉 농업 경제로의 변화였다. 약 1만 년 전이었다. 여러 가지 변화가 있었지만 가장 큰 '변화'의 씨앗이 뿌려졌다. 인류는 모여 살게 되면서 '생각'을 나누고, 지식을 '축적'할 상황이 벌어진 것이다. 인류는 이제 무엇인가를 하면서 '기록'하고 '전달'할 여건을 만든 것이다. 경험이 더 이상 1세대에 국한된 것이 아니라, 다음 세대로 '전달'될 수 있는 체계를 갖춘 것이다.

2.산업혁명

두 번째 큰 변화는 '산업 혁명'이다. 즉 증기 기관의 발명이다. 이때부터 인간은 이제 자기 자신이나 가축 즉 생명체를 통해서 에너지를 얻는 방식을 벗어나게 되었다. 생명체는 신진대사를 한다. 즉 가동되지 않는 상황에서도 에너지를 소비한다. 그러므로 '먹어야' 하고, '쉬어야' 한다. 불과 증기 그리고 터어빈으로 이루어진 이 괴물은 쉬지 않는다. 즉 동력 체계가 변화한 것이다. 이제부터 인류의 삶을 완전히 바꾸게 된다. 이제 인류는 '노동'에서 벗어날 '기회'를 얻었다. 이때가 18세기 중반이다.

첫 번째 변화에서 1만1천 8백 년간 변화가 모이고 모여서 두 번째 변화가 일어난 것이다. 그런데 다음 변화는 점점 빨라지기 시작한다.

3. 전기

세 번째 변화는 '전기'이다. 1800년 알렉산드로 볼타가 아연판과 구리판을 겹쳐 '볼타'전지를 개발하면서 인간은 '전기'를 가두고 사용할 수 있게 되었다. 에너지원인 불을 물리적인 운동에너지로 바꾸는 증기기관은 엄청난 변화이기는 했지만, 증기기관의 '크기'와 엄청난 에너지의 '소비'를 수반했다. 그러나 그 비효율성이 인간에게 '개선'의 필요를 가져왔고, 더 '안전'하고 '강력'한 존재를 만들어 낸다. 바로 '전기'이다. 산업 혁명까지 일차선으로 이어지는 것 같은 발전이 이제부터는 이차선 삼차선 즉 복선으로 이어져 그 속도를 가속하게 된다.

인류는 1만 년이 넘는 변화를 이제 200년이 채 안 되는 시기에 만들어 내고 있는 것이다.

4. 인터넷

네 번째 큰 변화는 '인터넷'이다. 기존의 세 번의 체계의 변화는 마치 이 네 번째 변화를
위해서 준비된 것같이 창조적이었다. 1970년대에 태어난 인터넷은 모든 혁명이 그러하
듯 큰 주목을 받지 못했다. 그렇지만 인간은 오랜 시간 '정보'의 가치를 알고 이용할 줄 알
았다. 그 '정보'를 '전달'하는 체계가 완벽하게 바뀐 것이다. '인간'이 한번에 일정한 정보
를 다른 '인간' 몇 명에게 전달하느냐는 것이 바뀐 것이다. 신석기 시대에는 육성으로 몇
명에게 하던 것이 전기가 있는 시기에는 마이크를 통해서 수백 수천 명 정도에게 말할 수
있었지만, 이제 인터넷 시기에는 수억 명에게 '정보'를 전달할 수 있다. BTS의 뮤직비디
오는 '유튜브'를 통해 수억 명이 보는 데까지 며칠이나 걸렸나? 만약 신석기 시대라면, 아
니 산업혁명시대라면? 시간이 얼마나 걸렸었을까?

인류는 큰 변화를 만들어 왔다. 그리고 그 변화는 1만 년, 200년, 100년 이렇게 그 주기가 급격히 짧아지고 있다. 반대로 변화의 결과는 100배 200배 1만 배 이상으로 더 커지고 있다. 이제 20~30년 내로 인간이 겪은 모든 변화를 뛰어넘는 결과의 '틀'의 변화가 올 것이다. 그런데 우리 민족은 'One KOREA'라는 변화를 앞두고 있다. 우리는 이것을 '기회'라고 생각해야 한다.

For KOREA

Mega Paradigm Shift

제2장 생겨날 문제들과 사전 전제

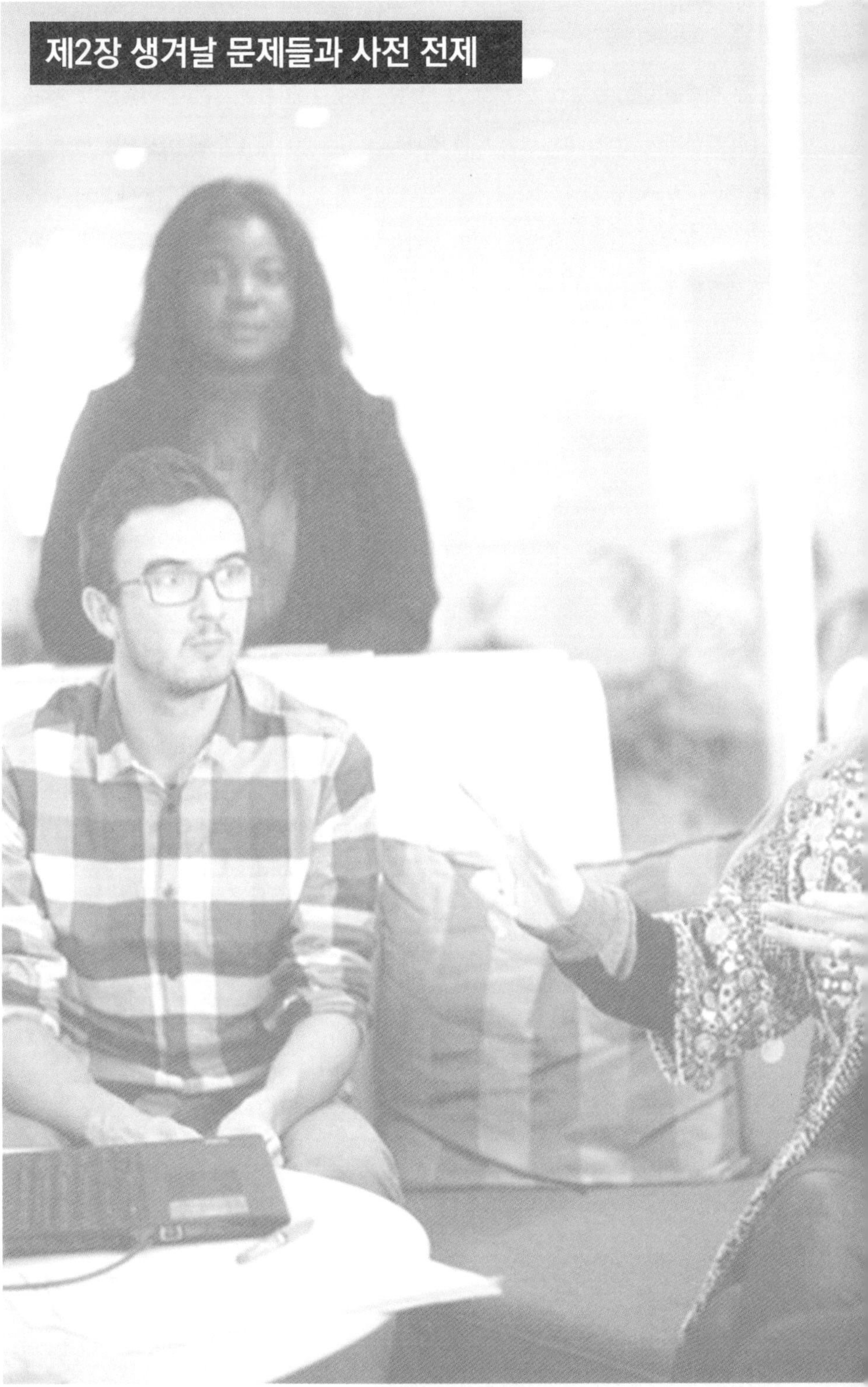

2-1 상황분석

'남북한'의 인식

주변 국가들의 상황

통일에 대한 기본 인식 - 북한

1. 분단의 기원은 '외세'에 의한 것이다.
2. 우리는 단일 민족이다.
3. 통일 후에는 '모든' 문제는 해결될 것이다.

: 원래 한민족은 단일민족으로 1300년 이상을 지내왔다. 단지 상황에 따른 외세의 억지에 의한 분단이 이루어졌다. 그러므로 통일이 되는 것이 옳다. 그 통일 이후에는 주위의 나라들에 긍정적인 영향을 주는 위대한 자주 국가가 될 것이다.

즉 외세의 영향을 배제한 우리(남북한)끼리만으로 충분하다. 미국은 빠져라! 라는 인식이 깔려 있다. 그리고 통일은 '당'이 주도하는 통일이다. 즉 남북한의 정치형태는 각각 그대로 두고 통일하자는 뜻이다. (고려연방제)

현재 핵 문제로 미국이 주도하는 제한에 대해서, 상당히 불편한 것이 사실이다. 그러나 협상의 파트너로 생각하는 것은 상당한 변화라고 할 수 있다.

미국은 '주적' → '종전', '평화협상' 파트너

이러한 상황인식은 가장 큰 변화라 할 수 있다. 이는 김위원장의 성장 배경에 있다고 할 수 있다. 그리고 현재의 대북 경제제재는 북한에게 더 이상 인민에게 고통을 분담할 수 없는 한계 상황으로 내몰고 있다. 결국 통일은 '생존'의 문제다.

통일에 대한 기본 인식 – 남한 ^{주)}

1. 통일은 '민족'의 문제이며, '국제'적인 이슈이다
2. 점진적인 통일이 합리적이다.
3. 경제적인 통합에서 사회적인 통일로 나아갈 것이다.

: 통일은 우리 '민족'의 문제이다. 그렇기 때문에 '통일'에 대한 '주도권'은 분명히 우리 남한과 북한이 가지고 있어야 한다. 그렇지만 동시에 '통일'은 '국제'적인 관계가 엮인 문제이다. 우리의 주변국 미국, 일본, 중국, 러시아뿐만 아니라 서유럽과 동유럽, 동남아, 중동까지 모두 연결되어 영향을 주고받는다. 그렇기 때문에 전 세계적인 '외교'협력은 필수적이다. 그래서 정부에서도 순방외교를 펼치고 있는 것이다.

자유민주주의와 인민민주주의는 그 태생이 다르다. 그렇기에 근대사에 두 번의 세계대전을 하였고, 우리도 민족끼리 6.25를 겪은 것이다. 그러므로 '급격한' 통일 방식은 너무나 부작용이 클 수밖에 없다. 30~50년 1~2세대를 거치는 동안의 시간이 필요하다. 점진적인 통일은 당연한 결론이다.

먼저 경제적인 통합이 우선이다. 독일의 통일 사례에서도 보여진 것처럼 '경제적' '인적' 교류가 우선이고, 그 이후에 '정치적 통치'체계의 통일은 나중이 되어도 된다. 미국의 지방자치가 '일부 사안'을 제외하면 중앙정부의 지배를 받지 않는 구조임에도 하나의 통합된 나라('United' America)로 존재하는 것을 참고하면 좋을 것이다.

......
주) 남한: '대한민국'이라고 표기하는 것이 옳다. 그렇지만 북한과 함께 비교하여 언급할 경우는 '남한'이라고 표기함을 밝혀 둔다.

내가 원하는 우리 민족의 사업은 결코 세계를 무력으로 정복하거나 경제력으로 지배하려는 것이 아니다. 오직 사랑의 문화, 평화의 문화로 우리 스스로 잘 살고 인류 전체가 의좋게 즐겁게 살도록 하는 일을 하자는 것이다.

김구. 〈나의 소원〉 백범일지 중에서

주변 국가들의 상황-미국

1. 자유민주주의 전체의 역학관계를 고려한다.

2. 자유민주주 '주도자'의 역할을 고려한다.

3. '미국'자체의 이익에 초점(트럼프 정부)

: 미국은 단순하게 한 나라로 볼 수 없다. 세계 2차대전 이후 전승국이자, 자유민주주의체제의 수호국가의 역할을 한지 70여 년이 지났다. 그동안 공산주의의 맹주인 러시아와의 체제경쟁에서 자유민주주의를 지켜냈다. 또 그 기간 동안 전 세계 '경찰국가'로서의 굳건한 지위를 지켜왔다. 그러므로 항상 그랬던 것은 아니었지만, '자국'의 이익보다 '전 세계적'인 역학을 중심으로 움직인다는 특징을 가지고 있다. 즉 보수적인 특징을 가진 나라이다.

중국과의 경쟁상황이 벌어지면서 무역전쟁 등의 양상이 벌어지고 있으며, 이는 세계의 '주도자'역할을 놓지 않겠다는 점과 '미국'의 이익을 우선하는 트럼프 정부의 '실리주의'가 합쳐진 결과라고 볼 수 있다. 중국과의 경쟁에서 미국은 지역적으로 중요한 몇 개의 포인트를 가지고 있다.

- 남중국해의 중요성

- 대만 방어

- 한국과 일본의 지리적 경제적 이점

미국으로서는 경제적으로나 군사적으로 환태평양 방어선을 굳건히 지키겠다는 의지를 언제나 갖추고 있었다. 그런데 '트럼프'정부가 들어서면서 이 심리적 국경선이 '미국'자체로 줄어든 듯한 징후가 나타나고 있다. 이는 트럼프의 승부사이자 전략가인 특성이 잘 반영되고 있는 것으로 보인다. 그의 초기 저작에서 나타나는 특징을 단 한마디로 정의하면 '이이제이(以夷制夷)'이다.

이러한 변화의 배경은 4차산업의 가장 큰 특징 때문이다. 정보의 이동과 생산 그리고 소비가 '공간'을 초월한다는 데 있다. 물리적 공간의 중요성은 1차에서 4차산업으로 옮겨오면서 서서히 줄어들고 있다. '국경선'도 마찬가지이다.

트럼프 정부는 남한과 북한의 통일의 과정 속에서, 이익 볼 수 있는 측면이 많이 있다. 우선 주한 미군의 감축으로 '국방비'의 감소라는 이득을 볼 수 있다. 그리고 본질적으로는 '일본'의 미군의 능력으로 방어선은 유지할 수 있다는 자신감도 있는 것이다. 그리고 '북한 핵'이 미 본토를 위협하는 경우의 수를 제거할 수 있다. 이 부분은 바로 미국의 '대통령제'에서 현직 대통령에게 유리한 점이다.

미국으로서는 현재 남한과 북한의 통일 논의를 찬성할 가능성이 크다. 다만 이를 통해서 자국의 이익을 극대화하는데 어떤 과정이 유리한지를 조절하고 있는 것으로 보인다.

즉 남북한의 통일 본의에 대해 '찬성'하는 측면이 있다.

· **외부상황: A+**
· **내부상황: A**
· **통일종합: '우리(미국)에게 이익만 된다면 OK'**

주변 국가들의 상황-중국

1. 통일된다고 해서 우리에게 불이익이 있을 리 없다.

2. 경제적인 통합은 찬성, 핵무장은 반대한다.

3. 한반도에 영향력은 놓아버릴 수 없다.

: 중국은 그들이 주장하는 '1등 국가'로 나아가는 '과정'에 있다. 그 과정에서 미국과의 경쟁은 필연적이다. 그리고 그 경쟁 중 하나의 축이 바로 '경제'이다. 중국의 관점에서 '북한'은 1950년대부터 '완충지대', '우호적 방어선'역할을 하고 있었다. 때로는 경제적인 원조로 때로는 군사력의 활용으로 자국이 이슈를 관철하는 관계였다.

그런데 '핵'이라는 변수가 생겨났다. 북한이 독자적인 핵무장을 시작해 버린 것이다. 이것은 다른 것과는 차원이 다른 문제이다. 그런데 '제어'할 수 있다고 믿었던 북한이 다른 움직임을 보인 것이다. 중국에게는 '만약'이라는 가정이 작용하기 시작했다.

미국과의 관계를 살펴보자. 중국은 환태평양을 가로지르는 미국의 방어선(?)을 놓고 미국과 여러 가지 신경전을 벌이고 있다. 말레이시아에 운하를 뚫는 문제를 직간접적으로 지원하거나, 대만과는 지속해서 '하나의 중국'을 강요하며 강온정책을 계속하고 있다. 이 모두 환태평양 방어선을 넘어 바다로 나아가겠다는 의도로 보인다.

통일에 대해서는 대략 이러한 입장이라고 볼 수 있다.
"남북한이 통일과정이 된다고 해서 문제가 생길 것은 없다!" 그리고 통일에 반대 견해를 외부적으로 표시할 경우, 남북한의 경제적 통합 시기에 '경제적 이익'을 잃을 수 있다는 것을 잘 알고 있다.

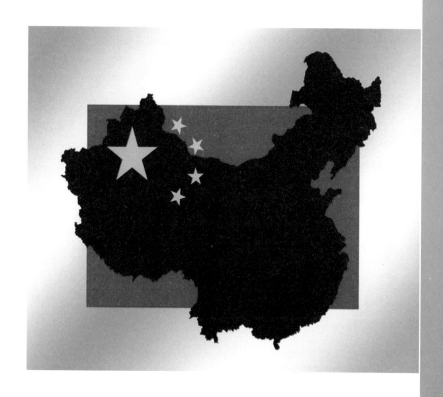

· **외부상황: A**

· **내부상황: B+**

· **통일종합: '우리에게 불이익만 없다면 OK'**

　　　ex)남북한 내에 핵무기만 없다면….

주변 국가들의 상황 – 러시아

1. 얼지 않는 항구
2. 국민들의 지지를 바탕으로 '외부'로 나아가는 '기회'
3. 한반도의 통합이 실질적인 이득이 있다.

: 러시아의 지리적 특성은 '얼어 버리는 바다' 때문에 '얼지 않는 항구'를 찾아야 하는 숙명을 가지고 있었다. 21세기 현대의 물류체계와 장비 등은 '얼어붙은 바다'쯤은 단숨에 극복해 버리는 것처럼 보인다. 그러나 1년 내내 얼지 않고, 입출항이 자유로운 항구는 '오랜 향수'처럼 그리운 존재가 아닌가 한다. 근대의 역사 속에서 러시아를 중심으로 한 '전쟁'은 이 요인이 분명 작용했다. 러일전쟁도 그 한 사례라 볼 수 있다. 하나의 한국(One KOREA) 즉 통합된 경제권은 러시아에게 그것이 유지되는 한 '얼지 않는 항구'를 의미한다.

항구 = 창구, 길

현재 러시아는 '푸틴' 대통령의 강력하고 매력적인 지배를 바탕으로 국민들 다수의 절대적인 지지를 받고 있다고 보인다. 중국, 미국과의 신경전을 내려놓고, 내치에 집중한 덕일 것이다. 그리고 그러한 자신감은 이제 서서히 '밖으로' 표출되는 시점이다. 그런데 마침 '동북아'에 '변화'의 조짐이 생긴 것이다. 확대하려고 하는 상황 속에서 '변화'는 가장 좋은 배경이 된다. 그러므로 러시아는 한반도의 통일 또는 경제 통합을 찬성할 수밖에 없다.

내치의 자신감 '밖으로'

이제 얼지 않는 항구로 나아가는 길이 열리면, 러시아는 어떤 이익을 얻게 될까? 러시아의 입장에서는 한쪽의 '유럽시장'과 맞먹는 다른 쪽의 시장이 열리는 것이다. 그것도 상품의 가격 경쟁력이 월등한 자국의 상품을 자유롭고, 지속해서 판매할 수 있게 되는 것이다. 천연가스를 파이프라인을 통해 판매할 수 있게 된다. 이것을 통한 '부'는 국민들의 실질적인 지지를 더욱 공고하게 만들 것이다.

국부의 실질적 향상방안 〉〉〉 정권의 강화

· 외부상황: B+
· 내부상황: A
· 통일종합: 천연가스 라인을 깔면 'OK!'

주변 국가들의 상황 – 일본

1. 과거 역사 반성보다는 우경화와 납북자 문제 제기
2. 장기 복합 불황타계를 위한 북방 경제 필요
3. 통일 후 새로운 동북아 정치 경제 질서는?

: 한반도 분단의 원인 제공자는 일본이라는 것이 남북한 사람들의 공통적인 의견이다. 남북한의 통일에 일본이 개입한다는 것은 심정적으로 반기지 않을 것이다.

일본은 민주주의 국가이지만 오랜기간 자민당의 장기집권으로 사회적 다양성이 떨어져 있으며, 최근 헌법 개정 등 우경화로 치닫고 있어 한국 중국 등 주변국가의 우려를 낳고 있다.

사회적으로는 아주 안정되어 있으나, 과거 패전과 '지진'과 '해일' 등 자연재해로부터 스스로를 지키기 위한 국민성을 가지고 있다. 이는 사회적 변화의 역동성 면에서는 단점으로 작용할 것이다. 특히 한반도 통일의 논의처럼 거대한 변화의 상황 속에서는 대응능력이 떨어질 수밖에 없을 것으로 보여진다.

통일 논의에서 통일 후 북한 경제에 대한 적극적 참여를 위한 미래지향적인 대안 보다는 납북자문제, 과거사 회피 등의 집착하는 모습을 보이고 있다. 특히 북한은 미북 정상회담 이외에 일본과의 관계 개선에는 소극적인 반응을 보이고 있다.

일본은 통일에 관계없이 동북아 정치 경제 질서에서 영향력을 지속적으로 행사하고 싶고, 북방 경제를 통하여 장기 복합 불황을 극복하고 있다. 통일은 일본 경제에도 카다란 기회가 될 것이다. 그러나 정치적 영향력은 떨어질 것으로 보인다.

- · 외부상황: B+
- · 내부상황: B-
- · 통일종합: 북한 비핵화는 OK

  일본 소외만 아니라면?!

120여년 전 대한제국을 둘러싼 열강들과

통일을 앞둔 오늘의 한반도 상황은 무엇이 다를까요?

2-2 예상 가능한 문제들

구조적인 문제

인간적인 문제

구조적인 문제 & 인간적인 문제

1. 산업시설에 관한 문제
2. 임금(분배)에 대한 문제

: 구조적인 문제는 '차이'에서 비롯된다. 즉 남한과 북한의 산업의 차이로 나타날 문제들이다.

신연방주의 개발이 지연된 이유는 무엇보다 동독에서 물려받은 산업시설들이 너무 열악하였고 지방자치단체의 경우 동독에서 물려받은 채무가 너무 많았기 때문이다.

(독일통일총서-구 동독지역 인프라 재건 분야)

독일의 경우를 반면교사로 참고해보면 좋을 것이다. 독일은 당시 동독 재건 작업에 두 가지 어려움을 겪고 있었다. 먼저 산업시설이 열악하였다는 점과 지방정부의 채무였다. 북한의 경우 지방정부의 채무는 문제로 볼 수 없다. 중앙 집권적인 체재이기 때문이다. 그러나 '산업시설'의 열악하다는 것은 문제로 다가올 것이다. 즉 건설하기 위해서는 장비를 모두 가져가야 하는 상황이다. 도로망과 에너지에 대한 사전구축이 고려되어야만 할 것이다.

이 문제를 해결하고 난 뒤에는 '임금'의 문제가 발생한다. 자본주의는 일한 당사자에게 '임금'을 지급한다. 공산주의와 업무를 하면 공산당에게 임금을 지급하고, 공산당이 '분배'한다. 미묘한 차이 같지만 큰 문제이다. 즉 자본주의 최대 강점인 '경쟁'을 활용할 수 있느냐, 아니냐의 상황이 된다.

또 임금지급의 구조적 문제가 해결된다 하여도 과연 '가치'를 어떻게 조절하는가? 라는 문제가 남는다. 자본주의는 '환율'이라는 제도를 가지고 균형을 잡아간다. 물론 '현물을 지급'하는 실험적 검토도 있다. 급여 일부를 쌀로 지급하는 것이다.

그래도 구조적인 문제들은 '정부'의 주도로 예상이 가능하고 또한 해법도 찾아낼 수 있다고 판단한다. 그렇지만 '인간적인 문제'는 다르다.

가장 쉽게 예상되는 인간적인 문제는 '갑질'이다. 남한 측의 인원들이 마치 '점령군'처럼 생각하게 하는 '태도'가 보인다면 이것은 심각한 사회문제가 될 것이다. 앞에서도 언급했지만 우리는 지금 북한을 정복하는 과정이 아니다. '함께' 살아가려 협조하는 것이다. 그래서 통일 후 3년 팀은 통일 사업에 임하는 모든 인원에게 '사전 기본교육'을 필수적으로 받을 것을 제안한다.

문제 해결과 그를 둘러싼 의사결정에 관해 적절한 문제 설정(identification)을 하고 있는지를 파악해두지 않으면 안 된다. 결국 문제설정이 적절했으나 잘못된 결정을 내린 경우에 이를 수정하는 것이 가능하다. 그러나 문제 설정이 잘못되었을 때는 아무리 좋은 답을 구했다고 해도 그것은 아무 소용도 없다.

피터 드러커 미래를 읽는 힘 (고바야시 가오루)

2-3 사전 전제

다름의 인정

같음을 인정

인정하자

인간은 배고픈 것은 참아도 배 아픈 것은 못 참는 특성이 있다.

북한 사람들의 관점에서 살펴보자. 통일이 시작되면 이제 배고픔은 좀 사라지는 상황이 벌어진다. 그런데 배 아픈 상황이 벌어질 것이다. 통일 사업에 참여하는 인원들의 경우 '임금'을 받게 된다. 그리고 예를 들어 기존 공무원들의 경우 현재와 같은 급여를 받게 된다. 눈에 보이는 '차이' 생겨나서 '배가 아픈' 상황이 생겨난다. 그리고 남한 사람들의 경우 '낯선 광경'에 놀라게 될 것이다. 어떤 경우라도 서로가 '다름'을 인정해야 한다. 남한 내에서도 지역별로 '일정 부분' 감정이 있다. 생각도 다르고, 판단도 다르다는 것이다. 70년이나 따로 살아왔다. 당연히 다른 것을 인정해야 한다. 그것이 첫 번째 전제이다.

그리고 우리는 하나라는 것, 우리는 같은 사람이라는 것을 인정하자. 1970년까지의 반공교육 속에서 서로를 악마나 짐승에 비유하는 시기가 있었다. 당연하다. 서로 함께 살다가 생각이 달라 헤어진 부부가 서로를 미워하는 것은 당연하고 인간적인 것이다. 그리고 그런 과정을 인정하고, 이제는 같이 살 마음을 먹었다. 과거의 증오하고 미워했던 증거들 파편들을 발견하더라도 무시하고 치워버리자. 그래야 우리는 한민족이라는 것을 인정하고, 또 언젠가 하나의 나라가 될 것이다.

제3장 4차산업시대를 반영한 통일 후 3년

3-1 무엇을 준비해야 할까

마음가짐 = 비즈니스의 기본

마음가짐이 먼저!

비즈니스의 시작(START)

보통 비즈니스는 '아이디어'에서 시작된다. 하나의 아이디어는 한 장의 그림이 되고, 그 그림들은 주위의 사람들에게 공유된다. 몇몇은 좀 갸웃거리기도 하고, 몇몇은 '괜찮겠네!'라는 의견을 이야기한다. 그러다 '함께'해보자라는 말이 나온다. 바로 이 순간이 '비즈니스'의 시작이다. 그런데 아이디어가 비즈니스가 되기까지 '생각'이 같은 사람만 필요한 것은 아니다. 아이디어를 현실화시키는 것이 비즈니스이기 때문에 '자본'과 '기술'은 필수적으로 필요하다.

아이디어 → 비즈니스
↑
자본 + 기술

생각이 같은 사람들에게 이 두 가지가 다 있는 경우는 그리 많지 않다. 그래서 다른 누군가에게 '자본'과 '기술' 중 모자라는 것을 빌려와야 한다. 자본이라 함은 단순한 '돈'만을 이야기하지 않는다. 돈은 '유통'의 편의를 위해 사람들 간에 약속한 '기준'에 불과하다. '가치'를 들고 다니는 것은 힘들기에 사람들 간에 약속을 한 것이 '돈'이다. 실제 '가치'가 없는 곳에서 돈은 그저 '종이'에 적인 숫자이고, 숫자 속에 갇힌 '상상'일뿐이다. '가지'를 환산하여 제공하는 '공간'이 없는 곳에서 돈은 무기력하고 무의미하다. 예를 들어 '무인도'에서 '돈'은 그저 땔감으로 밖에 쓸 수 없다. 그나마 불이 없으면 쓸모도 없다.

자본 = 가치

사람들을 움직이는 '가치'로 불리는 모든 것이 '자본'이다. '가치'만이 사람들을 움직인다. 그러면 가치를 조금 더 세분화해보자. 먼저 '공간'을 이야기할 수 있다. 인간이 농경시대를 거치면서 '공간'은 곧 가치였다. 누가 '땅-공간'을 많이 차지하느냐가 지배자들의 최선의 그리고 최고의 목표였다.

어쩌면 살아있는 권력의 '유일한 이유'였다. 서로 땅을 넓히기 위해 싸우고 타협해왔다. 그 증거가 '담장'이고 '경계선'이고 '국경선'이다. (4차 산업시대는 이 '선'이 가치를 잃어가는 특징이 나타난다.)

가치 = 공간 + ( )

공간과 함께 가치를 형성하는 중요한 요소가 있다. 인간은 수명이 있다. 누구나 태어나서 자라고 살아가고 늙으며 결국 죽음을 맞이한다. 인류의 어느 누구도 이 과정을 피할 수 없다. 오직 '신'만이 죽음을 초월한다고 종교는 이야기 한다. 그래서 초월자가 될 수 없는 '모두'는 주어진 '시간'을 가지고 살아간다. 즉 끝이 있으나 끝을 모르는 하루하루를 사는 것이다. 이 '하루' 중 일부를 '가치'와 바꾸며 사는 것을 '일한다'라고 표현한다. 그렇다 가치의 큰 부분 즉 '시간'이다. '시간'을 줄일 수 있는 것은 '가치'있다. 그리고 시간을 줄이는 방법을 '기술'이라고 말한다.

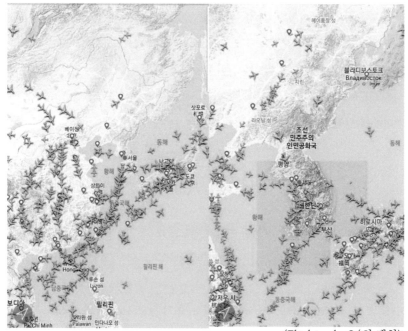

〈Flightradar24의 캡쳐〉

다시 공간으로 돌아가 보자. 통일은 이 '공간' 속에 답이 있다. 북한의 하늘을 먼저 살펴보면 '항공기'가 다니지 않는 공간이다. 이 공간에 민간'항공기'가 자연스럽게 지나다니게 될 것이다. 항로가 열리는 것이다. 막힌 하늘이 통하는 것이다. 그리고 또 자본과 기술의 투입에 의하여 변화될 지상의 '공간'이 충분하다. 그리고 이 공간의 개발이 쉽다는 것은 굉장한 장점이다. 시간을 아낄 수 있기 때문이다. 공식적으로 '북한'의 모든 땅은 권리자가 딱 한 곳이다. '당'에서 모든 권리가 있고, 결정이 떨어지면 이견은 있을 수 없다. ('자본주의'에서는 '권리자'가 여럿이므로 '개발시간'이 늦어지곤 한다. 알박기가 그 예이다.) 즉 북한의 개발은 결정과 동시에 '종료 시점'이 예상된다. '가치'의 측면에서 이것은 엄청난 장점이다. 이런 공간은 지구상에 거의 남아 있지 않다.

이제 비즈니스를 위한 마지막 요소가 남아 있다. 바로 기술이다. 기술은 '인간'이라는 기본 위에 존재한다. 기술적 요소가 인간과 분리된 형태에서도 '전달'이라는 상황 속에서 '인간'은 필수적이다. 그리고 인간이라는 요소가 들어가면 항상 문제가 되는 것이 바로 '태도'이다. 인간은 누구나 '감정'을 갖고 있다. '감정'은 상대방의 '태도'에 자극받고 행동에 들어간다. 그러므로 태도가 중요하고 그 태도의 근원에는 '마음'이 있다.

기술 = 인간적 요소
(human factor)

비즈니스를 할 때, 만약 상대방이 당신이 '가진 것'이 적거나 '지식 또는 스펙'이 자신보다 낮다고 '무시'하는듯한 태도를 보인다면 어떨까? 당신의 마음은? 아마 같이 일하고 싶지 않을 것이다. 그리고 아마도 '할 수 있는 일'을 '하지 않는 식'으로 반응하게 될 것이다. 그게 인간이다. 단순한 비약이라고 볼 지도 모른다. 하지만 수많은 비즈니스 상황 속에서, 또 인간의 역사 속에서 반복된 일이다.

우리는 한민족의 역사에 '결정적 순간'에 서 있다. 앞으로의 700년을 바꿀 수 있는 기회를 갖게 되었다. 선지자가 이야기했던 동방의 빛이 되는 때가 드디어 다가오고 있다. 그런데 '인간적인 실수' 때문에 그 기회를 빛바래게 만든다면 그것이야말로 안타깝고 안타까운 일 아니겠는가. 우리가 현재 겪고 있는 어려움, 힘듦은 우리 민족의 빛나는 시간을 위한 산통이라고 생각한다. 통합도 통일도 비즈니스도 결국 사람이 하는 일이다.

결코 북한의 사람들을 무시하거나, 과소 또는 과대평가해서는 안 된다. 우리는 그들을 지배하려하는 것이 아니다. 우리는 한민족임을 믿고, 신뢰해야 한다. 그래서 우리는 오직 북한을 '함께 일하는 상대방'으로 규정해야만 한다. 함께 일하는 '한 쪽'말이다.

!

미래의 전략적 계획 수립에서 중요한 것은 특히 '적응능력'이다. 불안한 글로벌 시장에서 기업의 변화능력을 강화하려면 시장의 변화를 더 빨리, 더 철저하게 인지할 수 있는 훌륭한 '미래 센서'가 필요하다. 거기에는 더 이상 최고경영자의 본능이나 노련한 오너의 예민한 후각만으로 충분하지 않다. 그래서 ······기업에서조차 외부의 트렌드 및 미래연구가와 공동작업을 진행하는 '조기 경보' 씽크 탱크가 서둘러 개설되고 있다.

미래, 진화의 코드를 읽어라 중에서 (마티아르 호르크스)

3-2 몇 가지 비즈니스

- DMZ 개발 기획 비즈니스

- 북한 여행 계획 비즈니스

- 길 디자이너 비즈니스 +a

- 코디 어드바이저 & 에이전시

- 유아 양육 비즈니스

- 자연치유 비즈니스

- 효소 음료 비즈니스

- 장기여행용 기차 차량제작 비즈니스

- 기차여행 계획/실행 비즈니스

- 관광 교통수단 기획/실행 비즈니스

- 분단 상징물 비즈니스

- 자연 순환 생태계 도시 비즈니스

- 친환경 벽돌 비즈니스 (SAVE WATER BRICK by Jin-young Yoon from korea)

- 수익용 숲 개발사업

- 종자 비즈니스

- 남북한 국민이 공동으로 이용 가능한 서민 금융사업

- 남북 이해와 협업 교육

- 도로 그리고 자율주행차 비즈니스

- 군사분야 그리고 제대군인 비즈니스

- 항공업 관련 비즈니스

- 유통업 관련 (4차 산업시대의 배경 속에서)

DMZ 개발 기획 비즈니스

DMZ는 지구에 얼마 남지 않은 인간의 손이 닿지 않는 '처녀림'이 존재한다. 그곳을 어떻게 계발 / 개발하느냐는 인류에게 커다란 과제이기도 하다. 자연지구를 조성하고, 인간과 자연의 조화를 계획할 기회라고 생각된다. 자연의 입장을 생각하는 보존과 계발의 중간단계가 필요할 것으로 생각한다. 그런데 그 많은 지뢰는 어떻게 처리해야 할까? 이러한 어려움은 있지만, 그 자체로 독특한 관광의 요소를 가지고 있어서 투자대비 3년간 10,000배의 부가가치를 만들어 낼 수 있다고 판단한다. 이것은 '기획사업'에서만 그렇다고 추정한다. (여타 파생 비즈니스는 따로 제외한 것이다.)

(4차산업 Plus) 지뢰 처리의 계산 - 가장 효율적인 처리 프로세스를 잡아주는 일은 인공지능이 한다. 알파고를 잊었는가? 그리고 그것이 바둑판에서만 가능한 일이 아니다. 우리가 입력해야 할 데이터는 '현재 파악된 남측 지뢰의 설치도'이다. 그리고 또 고려해야 할 것은 '인적 실수'이다. 예측대로 심어지지 않은 지뢰를 파악하기 위한 알고리즘을 짜야 한다. 아! 이것은 IBM의 왓슨이 더 효율적일까?

#DMZ #기획 #알파고 #왓슨 #알고리즘 #대기업/중견기업

북한 여행 계획 비즈니스

교통수단, 관광지, 숙박시설, 음식점 등 가 제반 사항이 완성되어야 '관광'이 활성화 될 수 있다고 생각하는 것은 '사업 감각'이 무딘 것이라고 생각된다. 관광은 두 개의 얼굴을 가지고 있다. '편안함'과 휴식이라는 한쪽 얼굴 그리고 '새로움' '낯섦'이라는 또 다른 얼굴이다. 그런데 후자가 더 매력이 있다. 그러므로 인도나 아프리카의 오지 체험이 계속되는 것이 아닐까? 그런 면에서 여행 기획자에게 북한은 '금광' 그 자체이 다. 통일 후 3년 팀에서 나왔었던 아이디어 중 하나를 공개한다. '특수부대캠프' 체험 어떨까? 흥미진진하지 않은가?

(4차산업 Plus) 이제 게임을 화면 밖에서 하는 시대는 종말이 온 것이다. 세계적으로 전투력이 강하다고 인정받고 있는 북한의 특수부대원들과 함께 훈련을 받는 느낌, 그 리고 그들과의 대련은 어떨까? 아! 나는 힘들어요! 하는 분은 그냥 옆으로 물러나 '다 른 분'들이 하는 것을 '느끼고' 있으면 된다.

#관광 #여행계획 #특수부대 #증강현실 #개인 #중소기업 #대기업

길 디자이너 비즈니스 +a

길은 만들어지는 것일까? 아니면 만드는 것일까? 둘 다 맞는다고 한다면 북한의 산악 지역은 길 디자이너들에게 하나의 거대한 도화지다. 남한과는 비교할 수도 없이 험준한 그러나 단조롭지 않은 '산악' 지역이 존재한다. 그 산악지역에 '둘레길'을 조성하는 사업은 엄청난 도전이 될 것이다. 제주의 둘레길은 그 자체로 인간과 자연을 친숙하게 만들었다. 그리고 깎아내고, 콘크리트를 사용하지 않아도 충분히 편안할 수 있다는 사실은 다시금 일깨워주었다. 일정 지역을 할당하고, 그 지역에 길을 만들고, 대신에 '산장'을 운영하게 한다면 어떨까? 1만 배 충분히 가능한 비즈니스다. 지역을 잘 알고 있는 북한 주민과 남한의 길 디자이너가 합자해서 해야 빠르게 진행할 수 있을 것이다.

(4차산업 Plus) 가장 이상적인 '길'은 가장 짧은 길은 아니다. 그런데 우리는 가장 '이상적인' 길을 찾고자 한다. 이건 예술적인 것이고, '미학적'인 것이다. 일반적으로 사람들은 생각한다. 인공지능이 가장 못 할 것이라고 생각하는 분야는 예술이라고, 그러나 인공지능은 이미 '작곡'을 하고 있다. '이상적인'이라는 질문을 '낮은' 수준의 인공지능에게 질문하면 답이 맘에 들지 않을지 모른다. 그러나 조금 높은 수준의 인공지능이라면 당신이 질문하는 '이상적인'의 뜻에 들어있는 '효율'과 '효과' 그리고 '미래가치'를 수치로 나눌 수 있고, 답을 할 수 있을 것이다. 단 3년이면 개발까지 충분한 시간이다.

#관광 #길 #높은수준인공지능 #알고리즘 #산장 #개인 #NGO

코디 어드바이저 & 에이전시

개인 코디를 두기는 어려운 시기이다. 그러나 '영상 통화'가 있는 상황에서는 달라진다. 내 방 옷장을 온라인으로 옮겨 놓으면, 코디 어드바이저가 조언을 해주는 시스템이다. 온라인 쇼핑과 연동하고, 굳이 코디들을 양성할 필요는 없다. 전문 코디는 인스타그램에 다 있다.

그들에게 무언가를 제공할 아이디만 만들면 바로 비즈니스 가능하다. 통일 후에는 1,000만 명 정도의 고객이 한 번에 생기는 상황이다. 북한 지역에는 자유로운 삶을 추구하는 10대에서 30대까지의 젊은이들이 있다. 그들이 그냥 옷을 사고 입는 것을 원할까? 아니다. '잘' 입고 싶어 할 것이다. 누구처럼? 그렇다 '남한 드라마 속 사람들'처럼. 자신이 감각 있게 옷을 입는다고 생각하는 사람은 '코디 어드바이저'를 나는 그렇지는 못한데 하는 분은 '코디 어드바이저' 에이전시를 생각해 보시면 어떨까? 초기 아이디어만 강력하다면 개인이 할 수 있는 일이다.

(4차산업 Plus) 플랫폼 비즈니스인 것처럼 보이지만 사실 P2P 개인과 개인 간 정보 교환 사업이다. 인공지능은 '코디'로서 활동하는 것보다, 시스템의 유지, 초기 사용자의 안내자 역할을 하는 것이 적절하다. 인간의 '차별화'되려는 특성을 살리기 위해서는 '인간'이 변수가 되는 것이 답이다. 인공지능은 아직 '상수'에 가까우니까 말이다.

#개인코치 #옷추천 #플랫폼비즈니스 #개인서비스 #개인기업 #중소기업

유아 양육 비즈니스

남한에서는 최근 결혼도 출산도 피하는 현상이 벌어지고 있다. 안타까운 일이다. 아빠와 엄마 둘이 벌어도 힘들기 때문이다. 그래도 아이를 갖게 되면 잘 키우고 싶은 것은 부모의 공통된 마음이다. 북한과 비즈니스를 시작하면 북한 주민에게 가용자산이 생기게 될 것이다. 그러면 그것을 아마 '자식'에게 쓰려 할 것이다. 초등교육 이상은 공공재이지만 '유아 양육'에 관한 것은 '사적인 영역'이 될 것이다. 어떻게 기르고 교육하느냐가 관심사가 될 것이다. 북한으로서는 이제 유학을 보낼 필요 없이, 집 근처에서 또는 집 안에서 '특별' 양육과 교육 서비스를 받을 수 있게 되는 것이다.

(4차산업 Plus) 북한 사람들의 이해를 위해 우리는 아마도 '탈북자'에게서 정보를 얻을 것이다. 그렇지만 그분들이 '전부'이고 '완벽'한 기준이라 생각하는 것은 적절하지 못하다. 대다수는 북한에 남은 주민들이기 때문이다. 그들이 변화되는 환경 속에서 '무엇'을 원하게 될지 예측해야 한다. 그리고 모든 인간이 가진 보편적인 가치 - '편하고 쉬운 것을 선택'하는 특성을 고려해야 한다. 북한도 똑같다. 그들이 원하는 유아 양육에 대한 서비스를 제공하는데 간단하고 쉽게 서비스를 만들라.

#유아 #양육과교육 #편하고쉬운 #개인 #기관

자연치유 비즈니스

통일은 자연 치유사들에게 신세계를 열어줄 것이다. 북한지역에는 원시림에 가까운 금강산, 개마고원, 백두산 등 남한 지역에는 없는 천혜의 절경과 자연 공간이 존재한다. 이를 활용하여 '자연치유'를 필요로 하는 남한 지역의 사람들과 '외국인'들을 대상으로 한 비즈니스가 가능하다. 자본이 있어도 좋지만, 참신한 '아이디어'를 바탕으로 기획하고 실행한다면 자본의 영향을 받지 않고 적은 금액으로 가능하다고 생각한다. 과거나 현재 '여행'관련업에 계시는 분, 몸이 안 좋으셔서 자연 휴양림에 한 번이라도 방문하셨던 분들에게는 적절한 사업이다.

(4차산업 Plus) 몸의 치유는 자연이 해 주는 것이 맞다고 생각한다. 그리고 '마음의 치유'는 이제 '인공지능 치료사'에게 맡기라, 그들은 당신이 오솔길을 걸을 때, 어깨가 외로워 보이면 말을 걸 것이고, 미소 지으며 풍경을 만끽하고 있을 때는 침묵할 것이다. 당신을 가장 잘 알고, 이해하는 친구이자 선생님 그리고 심리치료사에게 마음을 맡기자.

#자연치유 #아이디어 #인공지능치료사 #개인 #중소기업

효소 음료 비즈니스

산야초 효소가 있다. 그런데 산야초란 깊은 산에서 찾아야 효과가 있다. 그리고 2년 이상 발효가 된 상태라야 맛이 부드러워진다. 그리고 산과 들의 많은 풀이 들어갈수록 그 효과가 높다고 한다. 북한의 원시림 지역에서 진행하면 될 것이다. 남한의 기획과 북한의 산간지역 주민들이 협력해서 하면 맞을 것이다. 그리고 그 효소로 '음료'를 만들어 시판한다. 각 지방의 이름을 붙여서 말이다.

(4차산업 Plus) 어떤 사람에게 어떤 음료가 좋은가는 이제 다 끝난 일이다. 당신이 '건강검진 병원'과 수익을 나눌 생각만 있다면 이런 일도 가능해진다. 간이 좋지 않은 '러시아' 부호가 약을 먹는다. 그가 약과 함께 먹는 것은 당신의 브랜드인 '개마고원 산야초 발효액 8%'이다. 광고나 마케팅? 그런 건 이미 다 해결되었다. 당신은 때가 되면 산야초를 담그고 '출하'만 하면 된다. 아! 통장 확인하라고 '엘리(인공지능 비서)'에게 묻는 것도 잊지 말고.

#음료 #산야초 #마케팅인공지능 #비서인공지능 #개인 #협력 #다양성

장기여행용 기차 차량제작 비즈니스

베트남까지 들어간 김정은 위원장 기차의 내부는 어떻게 구성되어 있을까?

이제 기차여행은 신세계가 열릴 것이다. 통일 후 3년이면 부산에서 기차를 타고 평양을 지나 모스크바를 갈 수 있고, 북경을 갈 수 있다. 통일이란 섬처럼 살고 있던 남한을 다시 대륙과 연결하는 일이다. 그러므로 '기차'는 단순한 교통수단의 의미를 넘어선다. 코레일은 기차 차량 제조업체와 함께 비즈니스를 진행해야 한다. 짧게는 일주일 길게는 수개월 동안 안에서 생활할 때 불편함이 없는 '기차' 차량을 만들어 내야 한다. 그래서 유럽 사람들을 모시고 통일 한국까지 천천히 데려와야 한다. 그렇다 그 공간에서 먹고 자고 씻고 생활하는 모든 것이 비즈니스가 된다.

(4차산업 Plus) 인공지능에게 가장 '효율적인 기차 안쪽 공간배치'를 묻고 싶다. 그런데 그보다는 사용자에게 맡기는 것이 어떨까? 우리는 '유연한' 공간을 만들고 고객이 답을 하는 것이다. 그리고 그 옆에서 사용을 돕는 일을 '인공지능 하인'이 하면 어떨까? 이번에 삼성이 휴대전화는 접어진다고 들었다. 그걸 크게 기차 안으로 들여온다면 어떤 일이 벌어질까? 생각만 해도 흥미진진해진다.

#관광 #기차 #인공지능하인 #접어지는화면 #제조기획 #대기업/공기업

기차여행 계획/실행 비즈니스

장기적으로 투숙(?)할 수 있는 기차 차량이 생겼다고 가정하자. 즉 하드웨어는 만들어진 것이다. 그다음은 소프트웨어가 필요하다. 즉 기차여행을 편의성 있게 할 수 있다고 가정하면 그다음은 '톡톡 튀는 생각'이 필요하다. 기차는 움직이는 침대라고 생각하면 된다. 그냥 구경만 할 것인가? 아니면 그 안에서 '색다른' 체험을 만들어 줄 것인가? 통일 후 3년 팀의 토론에서 나온 아이디어 중 한 가지는 '달리는 강의실'이다. 이것만으로 파생 사업이 수없이 나온다.

1. 강연 기획업
2. 강의실 대여업

......

(4차산업 Plus) 미래는 인간에게 가장 두려운 시공간이다. 사업의 예측은 특히나 힘들다. 인공지능이 만능은 아니지만, 인간의 직관과 합쳐지면 엄청난 결과를 만들어 낼 수 있다. 강연 기획할 때, 어떤 강사를 섭외해야 할까? 아니 어떤 강사를 써야 '수익'이 오를까? 이런 질문을 할 수 있다. 이제 강사에게 배우는 것이 아니라 '인공 지능 - 지식 편집가' 멘토에게 배워야 하지 않을까? 이미 우린 그렇게 배우고 있다.

#관광 #여행 #강연 #인공지능-편집가 #개인 #중소기업

관광 교통수단 기획/실행 비즈니스

북한 김정은 위원장이 직접 언급한 바와 같이 북한의 여러 지역은 도로 철도 등이 미비하다. 그러므로 오히려 개발할 가능성은 더 크다. 즉 교통수단이 완성되지 못한 곳일수록 '자연경관'은 좋을 것이다. 그러므로 지금 현재의 교통수단인 도로, 철도만을 고집하지 말고, 독특한 '관광용' 교통수단을 기획하는 일이다. 실제로 그런 사례가 있다. 레일바이크다. 버려진 '철도'를 활용해 자전거를 응용하였다. 여수, 삼척 정동진 등에서 활용되고 있다. 에너지를 따로 쓰지 않고 있기에 장기적인 부가가치도 높다.

(4차산업 Plus) 가상현실을 관광지에 심어보자. 새로운 관광 교통수단을 이용할 때라면, '가상현실용 안경'을 착용하는 것이 고객에게 거부감이 덜 할 것이다. 고객은 천천히 이동하며 고구려 시대의 무사들과 이야기를 할 수도 있게 된다. 그들의 입장을 생각을 '대화'를 통해 질문하고 들을 수 있게 된다. 이제 4차 산업시대의 교통수단은 단순히 이동만을 뜻하는 것은 아니다.

#관광 #교통수단 #가상현실 #고구려무사 #개인/중소기업

"우리 도로라는 게 아까도 말씀드렸지만 불편합니다. 내가 오늘 내려와 봐서 아는데."
2018 남북정상회담에서 김정은 위원장의 말

분단 상징물 비즈니스

독일의 통일 후에 가장 주목 받았던 통일 상징물은 바로 '베를린'장벽의 벽돌이었다. 벽돌 한 장의 가격은 60원~100원 정도다. 그런데 독일 통일 이후에 이 벽돌들은 상징성을 가지고 이베이에서 판매되었다. 가격이 200원?, 2,000원? 정도일까? 비즈니스의 세계에서 2배의 수익이나 10배의 수익은 엄청난 것으로 여겨진다. 그런데 우리 앞에 그냥 버려질 심지어 돈을 주고 철거해야 하는 '철조망'이 존재한다. 155마일, 약 248km이다. 물론 남한과 북한 양쪽으로 계산하면 2배 이상은 넘을 거라고 계산된다. 철조망 길이만 대충 600km 분량이다. 서서히 치워도 된다. 그런데 그것들을 '고철'로 팔린다면? kg당 200~300원이다. 그런데 그렇게 하기에는 너무나 아까운 '원료'이다. 1kg도 되지 않는 1m를 가지고 1cm씩 잘라 열쇠고리를 만들면 대략 10,000원에 판매할 수 있다고 본다. 그 수익은 얼마일까?

(4차산업 Plus) 상품의 기획도 이제는 '인공지능'이 할 수 있다. 특히 '입력(input)'이 단순하다면 더 그렇다. 최소한 1만 가지 정도의 상품이 있어야, 사람들은 다시 찾아와서 재구매를 할 것이다. 3년 안에 가능하게 하려면? 빙고 '인공지능'에게 제대로 입력해야 한다. 소량 다품종은 물론 시기에 따른 진열까지 누구에게? 네 인공지능 MD에게 맡기세요.

#관광 #상품 #1만가지관광상품 #철조망 #개인 #중소기업

자연 순환 생태계 도시 비즈니스

북한 지역을 경제 발전기의 '남한'이나 '중국'처럼 개발하는 것은 옳지 않다. 그것은 또 하나의 단점이 많은 도시를 양산하는 것에 지나지 않는다. 깨끗하지만 푸름이 보이지 않는, 깨끗하지만 살아있는 것 같지 않은 3차 산업시대까지의 도시 말이다. 이제는 '자연순환'을 가진 '4차 산업 시대'의 도시가 북한에 생겨나야 한다. 자연과 생태를 함께해서, 새들과 소형동물들이 공원에서 '자생'하고, 그 생태계가 오염을 막으며, 에너지를 아주 적게 쓰는 도시를 설계하고 기획해야 한다. 사례를 두 가지만 들겠다.

1. 도시의 모든 공원이 '육상'으로 폭 10m를 확보하고 이어져야 한다. 그리고 그 이어진 길은 '야간'에 조명이 없어야 한다.
2. 건물의 외벽은 '평면'의 유리로 연속할 수 없다.
3. 물을 에너지를 쓰지 않고 최대한 도시 곳곳을 끊임없이 흐르게 해야 한다. (하천이 인근에 있는 경우)

(4차산업 Plus) 물과 불 그리고 흙과 공기는 그리스시대의 철학자들도 기본적인 요소로 생각했었다. 인간은 1차 산업 시대에는 강과 바다를 더럽혔고, 2차 산업시대까지 흙과 공기를 더럽혔다. 4차산업 시대에는 두 가지 중 하나의 선택을 해야 한다. 지구를 떠나 '새로운' 행성에 정착하든지, 지구를 다시는 더럽히지 않든지. 냉동되어 200년쯤 날아가는 것보다, 환경을 더럽히지 않고 자연과 같이 사는 도시를 만드는 것이 옳다고 본다. 쓰레기의 흐름을 예측하고 통제해보자. 로봇은 포기하지 않으니 그 일에 적합할 것이다.

#공공사업 #도시계획 #로봇활용 #생태계 #연구 #하천 #치수

친환경 벽돌 비즈니스 (SAVE WATER BRICK by Jin-young Yoon from korea)

2019년 현재 디자인 아이디어이지만 통일 후에 사업으로 주목받을 수 있는 아이템이 있어서 소개한다. 단 필요한 수요를 맞출 생산에 대해 고민해 봐야 한다. 그렇지만 꼭 필요한 사업이므로 '건설' 관련 기업들은 컨소시엄을 맺을 때, 윤진영 디자이너의 의견을 참조해도 좋을 듯하다. 2009년 Green Life 공모전, 인천 국제 디자인상 2등 수상 작품인 '물을 절약하는 벽돌'이다.

윤진영 디자이너의 말

이 디자인은 쓸모없는 나뭇잎과 낭비되는 플라스틱을 결합하여 만드는 새로운 개념의 벽돌입니다. 낭비되는 나뭇잎과 플라스틱 즉 버려지는 자원을 지속해서 재활용할 수 있으며 원재료의 공급 또한 자연 친화적인 의미가 있습니다.

이 방식으로 생산된 벽돌은 강한 흡수력을 가지므로 비가 올 때 빗물을 흡수하고 저장하기도 합니다. 빗물은 지하수 또는 탱크에 저장되므로 재사용이 가능합니다.

https://www.designboom.com/project/save-water-brick/

(4차산업 Plus) 개인적으로 무척 마음에 들었던 아이템이다. 레고블록을 가지고 놀던 '아이큐브(인공지능 로봇)'가 Save water Brick 미니어쳐를 가지고 놀며 거리 디자인을 해가는 상상을 해본다. 통일 후 3년 뒤에 찾아온 세계 사람들이 놀라는 모습을 떠올리면 가슴이 벅차다.

#친환경건축 #물절약벽돌 #로봇활용 #윤진영디자이너

수익용 숲 개발사업

남한의 경우 식목일을 휴일로 지정하고 오랜 기간 나무를 심는 데 힘을 썼다. 그래서 많은 산이 푸르게 변했다. 나무와 숲은 그 자체로 인간에게 이익을 준다. 이산화탄소와 산소를 조절하고 미세먼지를 줄여주기 때문이다. 그렇지만 '소나무' 위주의 숲 조성 사업은 해충에 위기를 가져왔다. 너무 소나무 위주로 이루어져 있으므로 병충해에 취약하다. '소나무 재선충병'으로 인해 소나무가 집단으로 죽어가고, 그를 막기 위한 인력이 소모된다. 그러므로 북한지역의 숲 개발은 '초기' 단계부터 장기적인 '기획'이 필요하다고 주장한다.

특히 자연림 지역은 다양한 수종을 섞어서 심는 작업이 필수적이라고 주장한다. 반면 '수익'용 숲을 개발할 경우, 유실수용(잣, 호두 등)과 목재용을 구분하여 구성하는 것이 옳다. 이럴 때 산림청의 경우 일정 지역을 기업 또는 협동조합에 불하하고 최소한의 관리만을 하는 것이 옳을 것이다.

(4차산업 Plus) 인공지능에 가장 좋은 방법은 무엇이냐? 묻는 것은 당신에게 '잘 사는 법은 무엇인가? 묻는 것과 같다. 아직 그리고 앞으로도 제대로 '질문'을 해야 답을 얻을 수 있다. 모양이나 결과는 결과물 예측에서 '인간'의 직관을 사용하면 되고 '변수'를 정확히 설정하면 된다. 예측에 대한 계산은 '인공지능'이 월등하게 빠르다. 당신은 어쩌면 인공지능과 함께 사는 방법이 두려울지 모른다. 그렇지만 이미 같이 살고 있으면서 왜 두려워하는지 나는 잘 모르겠다. 스마트폰 안 쓰세요? 구글 검색 안 하세요?

#산림청 #숲 #제대로된질문 #스마트폰속인공지능 #구글속인공지능 #공공사업 #협동조합

종자 비즈니스

우리가 평소에 먹고 있는 토마토의 가격은 얼마일까? 주부들은 시장이나 마트에서 파는 가격을 알고 있을 것이다. 그런데 당신은 토마토 씨앗의 가격을 알고 있는가? 아이들 돌에 선물하는 금수저 1g이 8~9만 원 선이다. 그런데 토마토 씨앗 1g의 가격이 16만~18만 원이다. 금보다 2배가량 비싸게 거래되고 있다. 그 이유는 일정 기업이 씨앗의 소유권을 독점하고 있기 때문이다. 세계 3대 씨앗 기업은 '몬샌토'사(미국), '듀폰'사(미국), '신젠타 농약'(스위스)이다. 심지어 우리가 사랑하는 음식재료인 '청양고추'의 경우 씨앗이 '몬샌토'사의 소유이다.

북한에 어떤 종자의 씨앗이 있는지 알 수 없다. 통일 후 우리는 기술개발로 세계 3대에 들어가는 종자 기업을 만들 수 있다.

(4차산업 Plus) 종자의 연구를 블록체인으로 만들 수 있다면?

#종자 #특허 #블록체인 #대기업 #중견기업 #연구소

남북한 국민이 공동으로 이용 가능한 서민 금융사업

산업이 축약되어 발전하는 곳에는 언제나 '금융'이 그 빛을 발한다. 투자 없이 사업할 수 없으니까 말이다. 그런데 북한의 주민들과 사업을 할 때, 투자는 무조건 남한의 사람들만 해야 할까? 아니라고 생각한다. 북한의 주민들도 사업하고 싶으면 'SOS'를 표시하고 필요한 자금을 빌릴 수 있어야 한다. 그런데 소유권이 모두 '공산당'에게 있는 북한 주민들이 '담보'로 제시할 수 있는 것은 무엇일까? 바로 '지분'이다. 사업의 '지분'을 맡기고 투자를 받는 것이다. 이제 은행은 단순히 신용을 평가하고, 자금을 대출하고, 이자와 함께 환수하는 비즈니스 모델에서 조금 변화되어도 된다고 생각한다. 특히 지금과 같은 '특수'한 상황에서는 변신이 필요하다. 그리고 운용자금 역시 확보하는 방법을 다르게 생각해보면 어떨까? 예를 들어 북한 펀드를 조금 특별하게 만들고 운영하는 것 말이다.

(4차산업 Plus) 로보어드바이저는 은행에서 '주식'을 운영한다. 24시간을 쉬지 않고 말이다. 계층화 분석기법과 빅데이타를 활용하여 '사업아이템'을 계량화한다면 남북한의 경제적 상황에 맞는 '신용도 지수'를 만들 수도 있다.

#은행 #펀드운용 #중요도평가와계층화분석

남북 이해와 협업 교육

남한과 북한이 만나서 사업을 하려면 '소양'교육이 필수적이다. 양쪽이 한국어를 한다고 해서 서로 이해한다고 생각할 수 없다. 분단의 세월이 길었을 뿐만 아니라, 체제역시 달랐다. 그러므로 서로 함께 일을 하기 위해서는 '선행조건'이 필요하다.

1. 공용 '용어'의 '정의'와 '범위' 정하기
2. 협업 체계에 대한 정립

언어와 체계를 맞추기 위해서는 '표준'을 정하고, 그것에 관한 교육이 필수적이다.
특히 남한 쪽의 교육에는 '갑질'에 대한 교육이 강도 높게 진행되어야만 한다. 우리는 점령군이 아니다. 우리는 '함께' 잘살기 위해 북한으로 들어가는 것이다.

(4차산업 Plus) 많은 수의 사람들을 교육하기 위해서는 강사를 활용하는 것도 좋지만, 인공지능이 진행하는 인성평가를 거친 후 계층별(적합, 위험, 불가 등)로 분류하고 따로 교육에 임하는 것이 옳을 것이다.

#공공교육 #사전교육 #갑질타파 #인성평가

도로 그리고 자율주행차 비즈니스

4차 산업 하면 보통 먼저 떠오르는 것은 자동생산설비다. 특히 자동차 프레임이 여러 로봇팔에 의하여 생산되는 모습이 자주 언급되곤 한다. 그렇지만 엄밀하게 말하자면 컨베이어 벨트로 이동되고 '정해진 공정'을 수행하는 '공장'은 4차 산업과 이어져 있는 것이지, 4차 산업 그 자체일 수는 없다. 그 생산설비에서 생산된 '무엇'인가가 이루는 것들이 4차 산업이라고 할 수 있다.

자동차 분야에서는 역시 '자율주행'이 가장 큰 이슈였다. 완벽한 자율주행이라는 상황을 설명해 보자. 인간이 운전하지 않고, 다른 일을 하는 동안 완벽하게 '인간이 원하는 곳'으로 이동하는 시스템을 '자율주행'이라고 정의할 수 있다. 버스나 기차 그리고 항공기와는 명백한 차이가 있다. 바로 '인간이 원하는 곳'이기 때문이다. 인간의 마음은 언제든 그때그때 바뀔 수 있다. 즉 여타의 운송수단의 경우 '출발지와 도착지 그리고 시간 '이 대략 결정되어 있다. 그러나? '인간의 감정'은 예측할 수는 있지만, 완벽하게 읽어내기는 힘들다. 여기서 '자율주행'의 고민이 생긴다.

완벽한 예측은 힘든 "경로"

자율주행차 완벽하게 그 의미를 달성하기 위해서는 '적합한 도로'가 필수적이다. 포장되어 있고, 잘 정비되어 있어야 하는 것은 '기본'이고 악천후에 즉각적으로 반응할 수 있는 '시스템'이 합쳐져 있어야 한다. 즉 자율반응도로(smart road)'이어야만 한다. 상황이 발생했을 때, 일차적으로 반응을 하고 조치에 들어가는 도로 시스템이 구축되어야 한다.

전체의 자동차가 자율주행상태로 운행을 하면 어떤 일이 벌어질까? 지금 도로에서 벌어지는 일 중에 운전자들에게 가장 이해되지 않는 것이 바로 '유령정체'이다. 차가 막히는데 그 이유를 알 수 없는 길 막힘을 말한다. 지금까지 연구된 바에 의하면, 그 이유는 운전자가 '브레이크'를 밟는 시간이 모여서 생기는 막힘이다. 그렇다면 자율주행상태에서는 어떨까? 이 유령 정체가 줄어들 것이다. 인간이 하는 운전은 경력에 따라, 사람들의 성향에 따라 브레이크를 밟는 시간이 천차만별일 수밖에 없지만, 인공지능은 그렇지 않다. 필요한 곳에서 필요한 시간만 가장 '빠르게' 반응한다. 그러면 도로를 지나는 자동차들의 속도는 점점 빨라질 것이다.

자율주행차가 운행하는 도로의 예측1:
빠른 평균 주행 속도

지금의 속도 제한은 없어지는 것이 맞을 것이다. 빠른 시기에 우리는 이러한 자율주행상태를 만나게 될 것이다. F1에서 인간을 이기는 자율주행 상태 말이다. 아마 모든 자동차 생산업체가 자율주행상태를 연구할 때, F1에서 우승하는 인공지능을 만들고 있을 것이다. 그리고 그러한 성능을 장착한 자동차를 우리는 '곧' 타고 다니게 될 것이다. 그렇다면 이러한 가정을 해야 한다.

도로는 어떻게
'설계'되고,
'시공'되며,
'정비'되어야 하는가!

도로는 속도가 높아지면 생기는 무수한 문제가 있다. '강도'를 어떻게 해야 하는가는 아주 1차원적인 문제이다. 지금처럼 도로에 문제가 생기면 '사람'이 길을 막고

수리하는 시스템은 '문제'를 일으킨다. 일반도로에서 나는 접촉사고와 고속도로에서 나는 접촉사고는 그 피해가 다르다. 그런데 우리는 이런 예상을 해 보았다. 지상에서 '비행기'에 가까운 속도로 다니는 '자동차'들이 만약 '80km'로 갑자기 주행한다면, 어떤 일이 벌어질까? 사고 처리를 떠나서 이제부터는 '비즈니스'의 문제가 생긴다.

2018년도 도로현황총괄표

(길이: m)

구분	합계	개통			미개통도
		합계	포장도	미포장도	
합계	110,091,284	101,869,532	94,548,800	7,320,732	8,221,752
고속국도	4,717,440	4,717,440	4,717,440		
일반국도	13,982,546	13,847,497	13,810,404	37,093	135,049
지방도	18,055,325	16,809,438	15,410,097	1,399,341	1,245,887
특별·광역시도	4,885,573	4,885,573	4,885,573		
시도	29,440,547	24,346,181	23,512,353	833,828	5,094,366
군도	22,989,461	21,243,113	16,249,330	4,993,783	1,746,348
구도	16,020,392	16,020,290	15,963,603	56,687	102

도로 및 보수현황 시스템(www.rsis.kr)

다시 하나의 한국(One KOREA)로 넘어와 보자. 대한민국은 현재 전체 도로의 길이가 110,091,284m이다. (위의 표 참조) 그 중 포장된 도로는 94,548,800m이고, 비포장 된 도로는 이제 7,320,732m밖에 남지 않았다. 산업적인 면에서 새로 깔릴 수 있는 도로는 7% 정도 밖에 남지 않았다. 도로포장 산업의 측면에서 본다면, 남한의 시장은 이미 완전히 끝난 시장이다. 그런데 북한은?

전혀 그렇지 않다.

북한에는 통일 후 얼마나 도로가 포장되어야 할까? 이 질문에 대해서 저자들은 이런 추정을 해 보았다. 'GDP'라는 기준을 가지고 비교하자. 북한 내 파악되는 정보들은 자료의 수집 및 가공의 측면에서 '자본주의'의 방식으로 읽어내기 힘든 면이 있다. 그래서 일정 부분 예상 가능한 지표를 설정하는 것이 옳다는 결론에 이르렀다. 그것이 국민총생산이었다. 2017년 GDP 기준을 가지고 논리를 세워보았다.

기준: 남한과 북한의 GDP

통계청이 2018년 12월 19일에 발표한 '북한의 주요 통계지표'에 따르면 지난해 남한의 국내총생산(명목 GDP)은 약 1,569조 원, 북한 GDP는 36조4,000억 원으로 집계됐다. 즉 북한의 GDP는 남한의 GDP의 2.36%에 지나지 않는다. 즉 남한과 같은 과정을 밟았을 때, 97.6%를 더 발전할 수 있었다는 '가정'이 생긴다. 단위를 5단위로 맞추자. 그러면 95이다. 이 95가 북한이 더 할 수 있었던 기준이라고 생각한다. 그리고 다시 말하면 이것은 우리가 앞으로 더 해 나가야 할 '숙제'이고, 가능성인 것이다.

기준 수치 = '발전 가능 수치'
95V!

북한에 생길 포장도로를 예상해 보자, 남한의 도로의 경우 약 9만km의 포장도로가 있다. 그리고 여기에 발전 가능 수치 95를 대입한다. 9만km X 0.95 = 85,500km 즉 북한에 앞으로 포장되어야 할 도로는 이론상으로 약 85,000km이다. 2차산업시대를 기준으로 보았을 때도 이것은 엄청난 '부가가치'를 이야기한다. 그런데 중요한 것은 지금이 4차산업 시대라는 점이다. 연결됨을 떠나서 '자율적으로' 추가되고 발전하는 시대이다. 비즈니스적인 면에서도 부가가치가 다르다.

저자의 예상: 토건업체 중 세계 1위 업체가 '한국'에 생기게 된다. 그리고 그 업체는 지구 상의 전체 토건업체의 이익의 '절반' 이상을 차지하게 될 것이다. '통일 후 3년 후'까지

이러한 예상을 하는 이유는 단일 사업으로는 인류의 역사상 가장 긴 8만km 이상의 프로젝트를 진행하게 되는 것이다. 이해를 편하게 '만리장성'의 길이를 이야기해 보겠다. 지도상으로는 만리장성은 2,700km, 그리고 실제 길이는 6,400km 정도이다. 이제 이 프로젝트에 대해 이해가 될 것이다. 게다가 앞으로 북한에 포장될 도로는 '자율주행차'가 다닐 것을 '예정'하고 건설되게 된다. 단일 국가에서 가장 긴 자율주행차 도로가 생기는 것이다.

대한민국의 모든 토건업체가 세계 일류 기업이 되는 기회의 문 앞에 서 있다.

그러면 무엇을 할 것인가?
(What to Do?)

토건업체 관계자 여러분 '준비'를 하십시오!
자율주행차가 달리는 도로를 말입니다.

#자율주행차 #스마트도로 #건설토건 #IT

(현대 자동차) **시큐어 컴퓨팅. 이 기술은 차량 내 외부 네트워크를 실시간 감시하고 샌드박싱을 통해 차량과 운전자, 데이터 등을 함께 보호하는 방식이다.** 샌드박싱을 **적용하면** 외부에서 들어온 프로그램을 안전한 저장공간에서 실행해 내부 시스템을 **보호할 수 있게 된다.**

Turning Point (주)뉴스1

아이디어 +
우리 아이디어를 모아보자!

자율주행도로가 구축된다면 그 주변은 어떻게 해야 할까?

- 시민들의 편의공간을 만들었으면 좋겠습니다.

- 오염되지 않았으면 좋겠어요.

- 그 자체로 무언가 '생산적인' 가능성이 있다면 어떨까요?

-

-

-

-

-

-

-

-

-

-

-

(여러분이 채워 보세요!)

군사분야 그리고 제대군인 비즈니스

분단 후 북한은 '군비'강화에 총력을 기울였다. 그러한 판단을 했던 배경에는 '무력'으로 통일할 수 있었던 사례 때문이었다. 민족상잔의 6·25동란 당시 북한은 부산 경남 일부를 제외한 남한의 모든 지역을 점령했었다. '조금만 더 하면 가능했다!', '조금만 더 빨랐으면 가능했다!'라는 생각을 지휘부는 가졌을 것이다. 그래서 '준비'를 '조금만' 더 한다면, 군사적으로 통일할 수 있을 것이라는 판단을 하고 행동에 옮긴다. 바로 4대 군사노선이다.

그렇지만 남한은 달랐다. 연합군(미군)의 군사력에 일정 부분을 의지하며, 경제적 발전에 초점을 맞췄다. 당시에는 배고픔의 문제가 너무 컸기 때문이다. 그렇게 북한은 군사력 강화에 주안점을 두고, 남한은 경제 발전에 주안점을 두고 시간은 흘러갔다. 시간의 흐름은 많은 것을 바꾸어 놓게 마련이다. 쇠는 녹슬고 녹을 닦아내면 낼수록 얇아진다. 북한이 충당해 놓았던 군사장비가 점점 노후화되고, 또 새로운 무기들이 나오면서 무기의 파괴력이 상대적으로 약해진 것이다. 1970년대 후반을 기준으로 북한의 전쟁수행 능력의 총합을 남한이 넘어섰다고 볼 수 있다.

현재의 전쟁은 그 자체로 양쪽의 '경제력'의 경쟁이 되고 있다. 포클랜드 전쟁에서 영국의 승리는 영국대 아르헨티나의 경제 그리고 외교력의 차이였다. 미국과 이라크 전쟁은 더 말할 필요도 없다. 물론 미국과 베트남 전쟁은 예외적인 경우로 사례가 되지만, 전쟁을 벌이는 한 쪽에서 내부적으로 '전쟁 의지'가 없었다는 면에서 제외해야 한다. 전쟁은 양쪽의 '의지'의 싸움이다. '왜 전쟁을 하는지?' '그 의미가 어떤 것인지?' 확실한 쪽에 가산점을 주어야 한다. 미국대 베트남의 전쟁은 그 전쟁 의지 면에서 너무 많은 차이가 났다. 그 차이가 '경제력'의 차이를 넘어선 것으로 보아야 한다.

혹자는 이렇게 반대의 사례를 이야기할지도 모른다. 임진왜란 중 '명량해전'이나 페르시아 전쟁 중 '테르모필레 전투'가 전쟁의 결과를 바꾼 사례 말이다. 그렇지만 그 사례는 '자신의 영역을 지키려는 의지'가 얼마나 강한 것인지 보여주는 것이다. 또 이 것은 전쟁 전체라기보다 전쟁 속의 전투를 이야기한다. 전쟁 속에는 수많은 전투가 존재한다. 권투에서 무수히 주먹이 오가는 것 말이다. 단순히 양 국가의 경제력 차이로 승패를 가리려는 것이 아니다. '무형의 전력' 즉 특히 자신의 것을 지키려는 의지는 정말 강력한 힘이 된다. 빼앗으려는 자는 지키려는 자보다 3배 이상의 전력을 유지해야 '승리 가능성'이 있다는 것이 수많은 전쟁사를 통해 증명된다. 그러므로 침략전쟁은 결과적으로 의미가 없다.

이제 통일의 이야기로 돌아와서 군사 분야 중 '인력'에 관한 운영을 살펴보자. 북한은 4대 군사노선 중 '전 인민의 무장화'에 의해 거의 모두 '군인'이 되어 있다. 그 인력을 '경제'에 종사하도록 유도해야만 한다. 전체적이고 구체적인 통일은 아니더라도, 북측과 남측의 '군인'의 수는 줄어드는 것이 옳다. 북한의 경우 '경제활동'을 할 인력이 절대적으로 부족하다. 그러므로 군사력의 축소는 필수적이다. 그러면 어느 정도를 줄여서 경제인구로 만들어야 하는가? 독일 통일 사례를 살펴보자.

명예 퇴직제를 도입하여 연방 국방부는 1990년 10월과 12월 사이에 동독군 출신 최초 인수병력 50%의 조기 전역을 유도했다.주1)

독일의 경우 50%를 조기 전역시켰다. 그러면 당연히 '구형 무기들'의 폐기가 문제로 떠오른다. 여기서 비즈니스의 기회가 생긴다. 그럴 때 쉽게 생각하는 것이 그대로 판매하는 것이다. 하지만 이것은 통일의 '취지'와도 어긋난다. 전쟁이 싫어서 통일하자고 하면서 무기를 수출한다? 이것은 옳지도 않고, UN 가입국으로 법률적인 문제도 있다. 그런데 파기하기에도 돈과 시간 그리고 인력이 든다. 그러므로 지금부터 '무기'

를 생산적으로 재활용하는 비즈니스에 대해 생각해 보아야 한다.

통일 후 3년 팀에서 연구했던 비즈니스 사례 중 한 가지를 공유하고자 한다. 폭탄의 경우 폭약과 탄두 그리고 외피로 이루어져 있다. 폭약의 경우 회수해서 건설 발파용 다이너마이트(저성능 폭발물)로 재활용할 수 있다. 또 탄두의 경우 처리방식에 따라 차이가 있지만, 녹여서 건설용 철근 등으로 재활용한다. 그리고 외피의 경우 크기에 따라 차이가 있지만, 컵과 보온병으로 만드는 사업을 구상해 볼 수가 있다. 포탄의 외피와 보온병의 외관은 군경력자도 혼란 일으킬 정도로 유사하다. 그리고 조금 작은 포탄의 경우 '컵'으로 활용하여 관광상품으로 판매하면, 원가 대비 100배는 수익을 올릴 수 있을 것이다. **여러분이 생각하는 '구형 군사무기'의 재활용 아이디어는 무엇인가?**

#군인 #제대군인 #능력 #무기의재활용

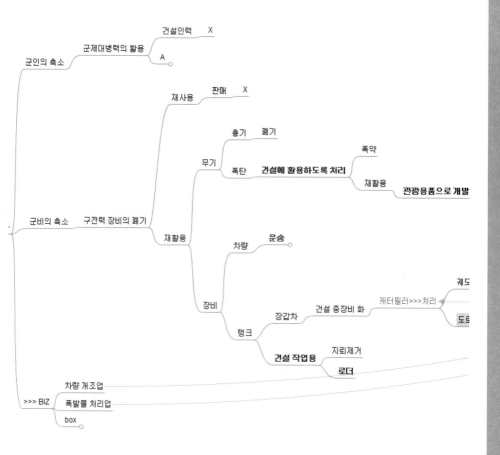

항공업 관련 비즈니스

항공업을 준비하고 있는 제자들에서 통일 후 '항공업'의 비즈니스가 어떻게 될 것 같은가? 물었다.

1. 국제 국내 노선 취항 증가
2. HUB 창고 신설(러시아 중국 유라시아로부터 들어오는 물류들 관리 운송 용이)
3. 항공관광업 증가(상공에서 풍경을 구경하는 것도 재미있을 듯)
4. 기내식의 메뉴를 바꾸거나 추가하는 것(북한의 지역적 특색을 가미한)

(김온누리 / fallsky_twelve@naver.com)

:국내선은 물론 국제선이 증가하고, 특히 '물류'의 운송량이 증가할 것이 예측되기 때문에 공항 내 창고 - HUB 창고가 많이 신설될 것이라는 예상이다. 특히 러시아 중국 등 동북아시아의 물동량이 폭발적으로 늘어나는 것을 예상하였다. 그리고 독특하고 톡톡 튀는 예상으로 상공에서 풍경을 구경하는 항공관광업의 출연을 예상하였다. 드론을 활용하는 방법과 경비행기를 활용하는 방법이 나올 것이라 예상한다. 또 항공사의 경우 당장 해야 할 일로 기내식을 '북한' 관련하여 만드는 방식은 준비되어야 한다고 주장하고 있다.

항공운송을 기반으로 한 관광부가 산업으로 이익을 창출할 수 있을 것이라 기대합니다. 현재 국내 항공사는 여객, 화물 운송서비스 이외에도 호텔, 렌터카, 여행사 등 다양한 부가산업을 이끌고 있습니다. 통일 전후, 이름있는 글로벌 체인 호텔을 비롯해 외국 기업들의 진출이 막혀있는 사이, 비교적 접근성이 좋은 국내 항공사들의 한반도 이북지역 진출을 서둘러 시장을 선점하고 경쟁력을 높여 큰 이익을 거둘 수 있을 것으로 생각합니다.

(박지은 / fly_piao0911@naver.com)

항공산업의 수직계열화 중 최종단계라고 일컬어지는 호텔, 렌터카, 여행사 등의 분야를 '북한'에 퍼트리는 주체를 '항공사'라고 규정하였다. 항공사 입장에서는 일정 기간별 승객 수요의 예측을 빠르게 할 수 있다는 장점이 생긴다. 이것은 가격정책 및 경영정책의 기본 데이터다. 기본데이터의 원활하고 빠른 공급은 그 자체로 경쟁력이 된다. 항공사가 경영기획에서 필수적으로 검토되어야 한다고 주장하고 있다.

영공의 개념이 확대됨에 따라, 동북아를 넘어서 유럽 대륙까지의 물류 여객량이 급증할 것이다. 미주노선의 운항 거리 또한 단축될 것이며, 북한 땅 위에는 새로운 국제공항과 기존에 사용된 활주로, 비행장의 활용도가 점차 확대될 것이다. 관광상품과 결합하여 새로운 노선이 개발되고, 의식주 산업이 모두 움직일 것이다. 이 모든 것이 운송하는 데 가장 중요한 '연료'에 대한 대비책이 필수적이라고 생각한다. 각 공항에 들어가는 유류에 대한 기업사의 입찰경쟁과 확대해서는 중동국가의 움직임이 기대되는 바이다.

(송현정 / agnes0325@gmail.com)

송현정양은 '전체적인 시각'과 관찰력이 뛰어난 자신의 특성을 잘 보여주는 의견을 제시하였다. 기획력의 기초이고 기본은 관찰력에서 시작된다. 모든 질문이 궁금증에서 시작되고, 그 궁금증은 관찰력에서 비롯된다. 또 '전체적인 시각'은 큰 그림을 항상 염두에 두어야 하는 기획의 속성에 맞는다고 볼 수 있다. 운항거리의 단축은 바로 노선의 활성화를 뜻하고 그로 인한 여객 화물의 증가가 예측된다고 이야기하고 있다. 그리고 항공유의 사용증가를 예측하여 '중동'의 대응을 떠올린 점이 대단하다.

1. 북측 공항이 생김에 따라, 남한, 북한 주민의 항공산업 일자리 확대.

2. 영공이 확대됨에 따라, 유라시아를 통해 유럽으로의 한국의 항공화물산업 확대.

3. 남한의 공항철도를 이용해 서울역을 통해 지방의 관광지를 갈 수 있는 것처럼
   북측의 공항을 통해 유라시아 횡단 열차 혹은 북한의 열차를 이용해 북한 관광지 관광 가능.

(이지현 / fly_high_lizzi@naver.com)

세계적인 관광지에서 현지가이드와 본사의 중간역할, 그리고 상품을 기획하고 원가까지 다루었던 이지현씨는 전직인 여행업의 포괄적인 이해를 하고 있다. 그래서 북한과 남한의 통일을 생각했을 때, 바로 여행과 항공물류업을 생각한 것이다. 게다가 철도에 대한 생각까지! 통일 후 3년 팀이 생각한 것과 같은 아이디어를 이야기하는 것으로 보아, 이미 전문가 그리고 경력자라는 생각이 들었다. 1, 2, 3번 모두 찬성!

1. 북한의 미사일 기술을 기반으로 한 우주 과학 강국 달성: 매년 나로호 등 위성 발사,

   우주 쓰레기 정리 주체국의 위상 달성
2. 개폐식 장사정포 기지를 개조한 전투기 격납고 유개화, 지하화 실시
3. 공항 운영 및 서비스와 관련한 항공서비스 교육업체 성장 ex) IATA ATC

(최현욱 / chris074@naver.com)

남한과 북한의 기존 기술에 대한 융합을 예상하여 '인공위성'강국으로의 위상을 예측했다. 그리고 조금 더 나아가 그 위성에 '우주 쓰레기'를 정리해야 한다는 '공익'적인 예측을 하고 있다. 또 수많은 장사정포 진지에 대한 활용방안을 제시하고 있다. 항공기의 격납고로 사용하는 방안이다. 장사정포 진지와 공항 또는 활주로의 위치를 고려해야 하지만 '격납고' 즉 창고로 활용한다는 생각은 기발하다. 그리고 마지막으로 항공관련 교육업이 강화될 것이라는 예측은 정확하다.

Freedom of Air에 근거하여 관광산업 확대, 화물 물동량 증가, 비용 절감으로 항공 운송 산업에 긍정적인 영향을 불러올 것입니다.

1. 북한은 궁금증에 쌓여 있는 나라입니다. 따라서 관광산업이 확대 될 것이며 이에 따라 여객 운송 수요도 증가할 것입니다.

2. 북한이 자유시장 경제로 진입하면서 수출과 수입이 더욱 자유로워져 항공 화물 운송도 증가 될 것입니다.

3. 국내 항공사들은 더 이상 중국 상공을 지나 서해 상으로 선회하지 않아도 되어 유류 비용, 영공 통과료와 운송시간을 절감하는 효과를 볼 수 있을 것입니다

(한지현 / jihyun_han119@naver.com)

항공화물(Cargo)에 관한 관심이 있는 젊은이답게 노선이 단축됨에 따른 유류비용, 영공 통과료 그리고 운항 시간까지 생각하고 있다. 운항 거리가 짧아진다는 것은 그 자체로 원가가 낮아진다는 것을 의미한다. 이는 항공물류 비즈니스의 경쟁력이 수 배에서 수십 배 강해진다는 것을 의미한다. 현대판 골드러쉬를 읽어낸 것에 박수를 보낸다.

기회가 열리는 것입니다. 쉽게 생각해 보아도 북한 사람들과 교류도 많아지고, 통일 한국을 찾는 외국인의 수요는 상상을 초월할 것입니다. 당연히 항공업 근무자들은 한 공항이 아닌 여러 공항의 출장도 많아질 것입니다. 또 직원들이 지금보다 훨씬 더 마치 민간 외교관과 같은 역할이 될 듯합니다.

(조다혜 / jjoda27@naver.com)

이제 북한 측에 기존의 평양 국제공항 외에 '새로운' 공항이 생긴다고 상상해보자. 어느 쪽이 유망할까? 실제로 교육생들에 질문해 보았고, 두 곳이 지목받았다. 바로 함흥평야와 신의주시였다. 연구 및 발표를 맡아준 목원대학교 학생들에게 감사를 보낸다. 다음은 그 사례들이다.

'새로운' 공항 예측 = 함흥 평야와 신의주 시

1조 발표PPT 내용

#1 통일된다면 북한의 공항은?

1조 : 김정효, 김진희, 박나현

#2 통일 된다면 북한의 공항은?

신의주시

#3 입지 분석 (날씨, 교통, 지리)

날씨

평양과 온도 차이가 없음. 8월 평균 기온 **24.0℃**로 겨울 기온은 서울과 약
3~5도 정도 더 낮으나 **여름 기온은 거의 차이가 없다.** 그리고 연 강수량이
1,066mm이며 대한민국과 마찬가지로 여름에 집중되어 있다. 하지만 **겨울에
는 극도로 건조하다.**

#4 입지 분석 (날씨, 교통, 지리)

교통

통일했을때 남북 철도가 연결될때 서울에서 **경의선의 노선**이 있어서 어느 곳이
든 편리하게 이용 가능.

#5 통일 후 발전 지역 예상

평양: 북한 최고의 깁나 시설과 교통망을 갖춤. 외국인 자본 유인 가능

나선: 함경북도 위치. 중-러 동시에 국경으로 접하는 유일 도시

개성: 개성공단 사업 추진(2004~2016), 휴전선 부근 위치

원산: 서울과 인접, 공항 신설, 관광지로 개발될 가능성 많음

신의주: 통일 후 지금보다 훨씬 발전한 무역도시가 될 것임. 중국은 한국 수출 시장 25% 차지하고, 신의주는 향후 서울-북경 고속 철도로 연결할 수 있는 요지에 위치.

#6 건설 비용

활주로 가격: 청주공항 건설 비용 **약 3,000억원**

비슷한 크기의 양양공항 약 3,500억원

청주공항은 활주로가 군사용으로 이미 개설되어 활주로 외의 건물 건설비용만 필요함

->신의주에도 이미 군사,화물 이용을 위한 활주로가 개설 되었기 때문에 청주공항과 같이 비용 절약 가능

#7 장점과 단점

인구 없음: 평야 지역으로 비가 많이 내릴 때 홍수로 인해 주거나 농경에 부적합. 그러므로 주민이 없음

활주로 보유: 이미 의주비행장이 있어 활주로를 이미 보유하고 있으므로 공항 건설 시 큰 비용 절감

편리한 교통: 통일 시 남북교통철도 연결 예상으로 남고 북 어느곳에서도 편리하게 접근 가능

큰 발전 가능성: 통일 시 발전 가능성 도시 5개 중 하나로 무역의 중심 도시로 발전 될 가능성이 크다.

#8 장점과 단점

중국과의 마찰: 신의주가 압록강을 중심으로 매우 가까운 곳에 위치하다 보니 중국에서 보안문제 또는 경제 문제로 크게 불편함을 표출할 것으로 예상

3조 발표PPT 내용

#1 MBS KOREA NEWS

   NEW AIRPORT in North Korea

   3조 임정훈, 김민경, 김서온, 신동진, 박현민, 장소라, 이조원, 궈효리

#2 ON AIR

   ONGOING NEWS   새로운 시작, 통일 그 이후… 신축공항 장소 여론의견 모아져..

#3 NEWS TOPIC

   북한 신축 공항 장소, 열띤 토론

   떠오르는 '함흥평야', 공항신축 장소로?

   '함흥일부는 충적평야..위험부담 무시못해..', 여야갈등 심화

#4 '함흥평야'란?

   면적 약 1,300km2. 동서길이 약 40km. 남북길이 약 40km.

   남쪽의 영흥 ·안변등의 평야와 합하여 함남평야(咸南平野)로도 불림.

#5 왜 '함흥평야'인가?

   (A) 안정적인 기온

   (B) 시베리아 횡단열차와 연결, TKR 역과의 근접성

(C) 서쪽은 평양, 동쪽은 함흥

(D) 넓은 면적, 적은 소음 발생

#6 (A) 함흥평야의 안정적인 기온

1. 겨울철 기온이 비교적 높다. (평균기온 -4.1도)

2. 여름철 기온도 23.2도로 서늘하다.

3. 연교차가 27도로 크지않다.

#7 (B) 시베리아 횡단열차와 연결, TKR 역과의 근접성

1. 한반도 종단열차 (TKR) 역인 '원산'과 가깝다.

2.숙박 및 편의시설 접근이 용이하다.

3. 함흥역, 흥남역 창흥역 등 기차역과도 가깝다.

#8 (C) 서쪽은 평양, 동쪽은 함흥

왼쪽에서 들어오는 비행편- 인천, 평양

오른쪽에서 들어오는 비행편- 함흥

#9 (D) 넓은 면적, 적은 소음발생

면적 약 1,300km2. 동서길이 약 40km. 남북길이 약 40km.

1.충분한 활주로 길이 확보 가능

2.산간지역 특성상 소음발생 최소화

#10 ON AIR

지반이 약해요 지반이..

함흥평야의 동쪽은 충적평야인데,

지진이라도 나면 어떡합니까?

ONGOING NEWS "지반 약하다" 일부 건설 반대 항의 거세게 일어·········.

#11 지진 사진   #12 공법 사진

#13

1. 건물의 기초를 만들기 전,

수백개의 관 또는 콘크리트 파일을 땅속의 경암층 까지 박음.

(공항지역에서의 깊이는 보통 30m 내외)

2. 그 위에 건물의 기초를 세움.

-〉 건물의 무게는 그냥 흙에 지지되는 것이 아니고

   지하 30m 에 위치한 경암에 지지되는 것.

#14 왜 '함흥평야' 인가?

1. 겨울에 따뜻하고 여름에는 서늘한 기온

2. 시베리아 횡단열차로의 연결, TKR 역과의 근접성

3. 서쪽은 평양과 인천공항, 동쪽은 함흥

4. 넓은 면적, 산으로 둘러싸여 적은 소음 발생

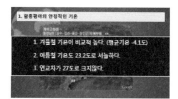

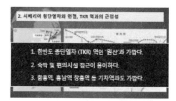

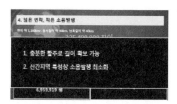

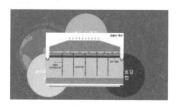

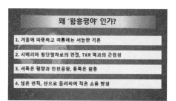

유통업 관련 (4차 산업시대의 배경 속에서)

유통업에서 변화될 또 사라질 업무

유통업은 그 형태에 따라 백화점, 대형할인점, 편의점 등으로 구분된다. 상품이나 서비스를 고객에게 판매하는 일이다. 이때 상품이 생산자에서 고객에게 흘러간다고 해서 유통업이라 명명된 것이다. 핵심은 고객에게 상품을 판매하는 것이다. 유통업의 요소는 3개로 구분된다. 상품, 고객, 그리고 판매이다. 상품에 관련된 일은 제조와 관련되어 있으므로 생략한다. 여기서 살펴볼 것은 '판매'이다.

유통업: 상품을 확보하여 고객에게 판매하는 일

현재 대형할인점의 식품코너를 생각해보자. 그곳에서 당신이 만나는 직원 전부를 생각해보자.

- 경비를 담당하는 사람
- 계산을 담당하는 사람
- 안내원
- 시식을 권유하는 사람
- 상품을 진열하는 사람
- 청소하는 사람

그리고 평소에는 만날 수 없으나 분명히 있을 것이라고 생각되는 사람들이 있다. 예를 들어보겠다.

- 총괄 관리자

- 매니저(인사, 총무, 관리 등)

- 상품 구매자

- 마케터

- 시설의 유지 보수(전기/소방 등)

- 회계관리자

- 온라인 결제 서비스(삼성페이/카카오페이/제로페이 등) 담당자

앞에서 우리는 없어지는(로봇으로 대체되는) 업무에 대하여 두 가지 프레임을 제시한다.

1. 반복되고 지루한 업무
2. 많은 사람이 하는 업무(=기업 입장에서 돈이 많이 드는 업무)

이 기준을 가지고 업무가 얼마나 <u>로봇으로 대체될 가능성이 있는지</u> 확인해보자.

[경비업무]

'경비'라는 업무는 반복적인가? 그렇다고 볼 수 있다. 일정한 지역 또는 사물을 지켜
내는 일을 일정한 시간 동안 반복적으로 수행한다. 그리고 그 일은 많은 사람이 하는
가? 그렇다고 볼 수도 있고, 아니라고 할 수도 있다. 즉시 빠르게 대체되지는 않을 듯
하다. 그렇지만 만약 우리가 이야기하는 점포가 1개가 아니라 100개라면 이야기가
달라진다. 1개 점포에서 경비를 담당하는 인력이 2명이라면 많은 숫자는 아니다. 그
러나 100개의 점포 200명, 1,000개의 점포 2,000명이라면 이야기는 달라진다. 충
분히 즉시 대체될 수 있다. 그러면 그것을 담당하는 로봇과 인공지능이 있는지 확인

해 볼 필요가 있다. 있다. 이미 상용화 되고 있는 경비로봇 K5가 있다. 순찰 경로를 따라 이동하고, 이상이 생겼을 때 경비원을 현장으로 호출할 수도 있다. 사용료는 경비원의 절반 정도이다. 즉 이 회사가 K5를 도입했을 경우 100개의 점포라면 100명의 인건비를, 1,000개의 점포라면 1,000명의 인건비를 줄일 수 있다.

이후에 스스로 상대방을 제압할 수 있는 형태로 바뀔 것이다. 3년 이내에 테이저건, 최루가스 등을 활용하는 경비로봇이 당연하게 사용될 것이다.

<YTN 뉴스 중에서>

[계산업무]

계산을 담당하는 직원의 업무는 어떻게 될까? 이 업무 역시 대단히 반복적이다. 또 대형할인점의 경우 많은 숫자가 업무를 수행하고 있다. 당연히 대체된다. 이미 편의점에서부터 받아들여지고 있다. 점점 대형할인점으로 백화점으로 적용될 것이다. 백화점은 판매원이 계산원의 역할을 함께 수행하는 경우가 많으므로 늦게 적용될 것이지만, **궁극적으로 '계산원'이라는 직무는 아예 사라질 것이다.** 이것이 가능하게 된 것은 '현금' 대신 '카드'를 사용하는 사람들이 압도적으로 많아지면서 가능해졌다. 사실 카드사업은 살아남겠지만, 플라스틱 카드는 만년필과 같은 운명을 맞게 될 것이다. 오히려 '현금'이 '카드'보다 더 오랜 기간 살아남을 것이다. 현금은 최소한 소유하고 있다는 심리적인 안정감은 줄 수 있기 때문이다.

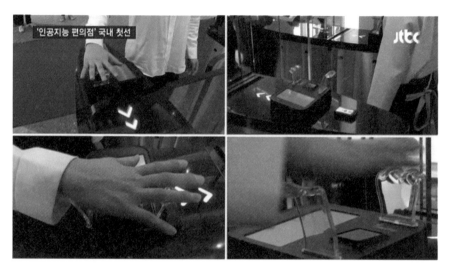

〈JTBC 뉴스 중에서〉

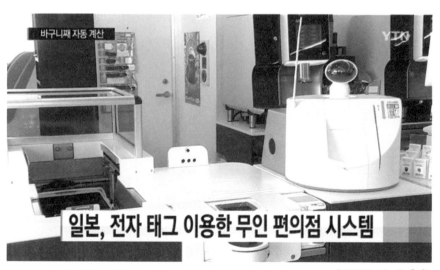

〈YTN 뉴스 중에서〉

[안내업무]

안내하는 업무가 1. '반복되고 지루한 업무인가?' 라는 프레임을 가지고 판단한다면, 난 아니라고 생각한다. 즉 안내 업무가 인공지능과 로봇으로 대체되는 이유는 2. 그 일을 하는 사람이 많고, 그 비용이 많이 들기 때문이다. 그렇기 때문에 고객에게 판매 하는 상품의 가격이 상대적으로 저렴한 제품을 판매하는 곳에서는 대체될 것이며, 가 격이 높은 곳에서는 '사람'이 그 업무를 수행할 것이다. 이러한 상황은 유통업뿐 아 니라 '안내'라는 업무 전반에 나타날 것이다. 아니 이미 현재에도 그렇게 하고 있다. ARS가 낮은 형태의 AI 시스템이다. 일반 고객에게는 ARS로 응대하지만, VIP 고객은 점포에서 또는 담당자가 직접 안내를 한다.

여기서 우리는 3차 산업의 성공기준인 '전문성'에 대해서 집중해야 한다. 3차 산업이 있었던 후에 4차 산업으로 이어지는 것이다. 4차 산업이 그냥 하늘에서 뚝 떨어진 것 이 아니다. 3차 산업의 토대 위에 4차 산업은 이루어지는 것이다. 그런 면에서 직무 를 익힐 때, 전문성이라는 특징은 중요하다. **즉 전문성을 가진 사람이 4차 산업에서도 그 업무를 계속할 가능성이 높다.**

〈치히라 아이코, 미쯔꼬시 백화점 로봇 안내원〉

[관리업무]

모든 기업의 상위 관리자는 인공지능과 로봇으로 대체되지 않는다. 왜냐하면, 그들은 결정권자이기 때문이다. 4차 산업시대가 다시 기업가의 시대로 돌아가는 이유도 이러한 특징 때문이다. 즉 고용되기보다 프로젝트별로 책임을 진 CEO가 되는 것이다. 로봇이나 인공지능을 선택할 수 있는 업무가 CEO이기 때문에 구조적으로 무조건 존재할 수밖에 없다. 그래서 수많은 1인 기업가가 늘어나게 된다.

하위 관리자를 생각해보자. 하위 관리자의 업무 중 반복적인 것들을 어느 파트의 일들인가. 대표적으로 회계, 경리업무의 경우 반복적이다. 1차 산업시대부터 3차 산업시대까지 이 분야는 계속 자동화되어 왔다. 당연히 인공지능이 대체할 것이다. 그렇다고 이 분야를 포기하지는 마라. 회계와 경리에 대한 이해 없이 어떤 CEO도 자신의 기업을 이끌 수 없다. 회계, 경리라는 직무로 기업에서 인원을 뽑는 일은 극히 드물어질 것이다. 그러나 그 업무에 대한 이해는 일하는 모든 사람에게 요구될 것이다.

하위 관리자의 업무 중 반복적이지 않은 업무는 어떤 것이 있을까? 대표적인 것이 CEO를 대신하는 것이다. 최고결정권자가 갑작스러운 상황으로 그 직을 수행하지 못할 때, 대신하는 것이다. 이것은 항상 있는 일이 아니므로 반복적이지 않다. 그리고 CEO를 대신할 능력을 갖춘 사람이 많지 않기 때문에 돈이 드는 일이 아니다.

당신이 4차 산업 시기에 살아남기 위해서는 '어떤 상황에서 옳은 결정을 하는 능력'을 키워야 한다. 이 능력을 갖추고 있다면 당신은 프로젝트에서 비중이 낮은 부분을 담당하고 있다고 해도, 지속적으로 초대될(고용될) 것이다.

[마케팅 업무]

마케팅은 기업 입장에서 돈이 많이 드는 업무임이 분명하다. 그러나 반복되면 그 자체로 효용이 없어진다. 마케팅은 '고객'을 향해 이루어지고, 그러므로 반복되면 싫증이 나고, 그러면 고객은 관심을 두지 않게 된다. 항상 '새로운' 방식을 찾아내어야 한다. 지극히 인간에게 맞는 업무이다. 물론 이 분야에서도 AI가 대체하는 하위 업무들이 생겨난다. 고객에 대한 조사나, 트렌드에 대한 예측 등은 인간보다 AI가 훨씬 좋은 결과물을 내기 때문에 대체된다. 즉 마케팅 분야는 AI와 잘 협력하는 인간에게 기회가 열릴 것이다.

디자인은 마케팅에 통합된다. 점차 디자인 소프트웨어들이 사용하기 편안해지므로, 디자인 감각이 있다면, 마케팅에서 제품, 제품 포장, 프레젠테이션 등에 바르게 응용할 수 있다. 미술에 대한 흥미가 있다면 그 자체로 마케팅에 좋은 인력으로 분류될 것이다.

[시설의 유지 및 보수]

시설의 '유지' 같은 경우는 각종 '센서'에 의해서 수명을 측정하고, 예측할 수 있으므로 점차 인공지능의 영역으로 들어간다. 그렇지만 시설의 '보수'는 5년 이내뿐 아니라 상당한 기간 인간의 영역으로 남을 가능성이 높다. 물론 높은 수준의 '보수기술'을 가진 이유라기보다는 보수를 하기 위해 벌어지는 일들의 특성 때문이다. 규칙적인 '패턴'으로 벌어지는 상황들은 그것에 맞는 센서가 처리하도록 보완될 것이지만, 불규칙하게 생겨나는 자잘한 '수리'의 상황들은 '센서'를 설치하는 것보다 '인간'이 처리하는 것이 훨씬 '효과'적이다.

Process
AI가 처리하고, 시간이 오래 걸리면 인간 수리공이 와서 처리하게 된다.

업무의 변화

1. 반복되고 지루한 업무

2. 많은 사람이 하는 업무(=돈이 많이 드는 업무)

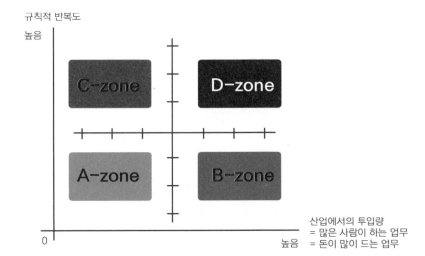

<AI로 대체될 업무 구분표>

4차 산업시대에 AI로 대체될 업무를 판별하는 그래프이다. 업무의 규칙적인 반복도가 가장 큰 기준이다. 즉 하는 일의 매뉴얼이 확실하게 정해져 있는 경우를 이야기한다. 즉 단순히 반복적인 일이라는 생각이 든다면 AI가 대체하기 쉬워진다. 그리고 그다음은 제품의 가격에서 차지하는 부분을 말한다. 여기서 제품은 꼭 유형의 상품만을 뜻하지 않는다. 서비스업이라면 무형이 될 수 있다. 즉 한 부분의 업무가 상품의 생산비에서 차지하는 비중을 말한다. 이것이 높으면 높을수록 AI로 대체될 가능성이 높다.

D - zone : Black (미래가 깜깜하다)

표에서 규칙적인 반복도가 높고, 전체 제품의 가격에서 차지하는 부분이 크면 D-zone 즉 가장 빠르게 AI와 로봇으로 대체된다. 자동차 산업에서 엔지니어의 업무는 대체로 '반복적'이다. 그리고 대한민국에서는 인건비의 비중이 높다. (이것은 단순하게 말하기는 힘들다. 그렇지만 자동차 가격에서 부품가격을 제외하고 가장 높은 것이 '인건비'이다) 즉 빠른 기간 안에 인공지능과 로봇으로 교체될 가능성이 높다. **물론 숙련도가 낮은 인원이 가장 먼저 '권고사직' 통보를 받게 된다.**

C – zone : Red (빨리 멈추고 결정해야 한다)

전체적인 인건비 비중은 높지 않지만, 규칙적인 반복도가 높다면 이 업무 역시 위험하다. 대개 소프트웨어, 아웃소싱의 방식으로 업무가 사라진다. 즉 점진적으로 AI와 로봇으로 교체될 것이다. 콜센터 업무가 대표적이다. 이곳에서도 물론 일정한 직급 이상의 전문가는 살아남는다. 대신 과거에는 팀원 또는 부하에게 시켰던 업무를 AI와 함께 직접 수행해야 한다.

B – zone : Orange (여차하면 깨진다. 조심해야 한다)

전체 상품의 가격에서 인건비 포지션은 높지만, 반복도가 낮은 업무는 '전문가'영역이다. 예를 들어 '명품 수선업'의 경우 수선하는 사람의 인건비가 가장 높다. 그리고 '전문가'이기 때문에 각각의 '변화무쌍'한 상황에 대체해야 한다. 그렇지만 상품대비 비용비율이 높다는 것은 차후에 맞춤 AI가 생기면 바로 교체될 수 있다. 그러나 '전문성'이 있으므로 상당 기간 보호는 될 것이다. 그렇지만 '전문가' 하위 집단은 매정하게도 AI에게 대체된다. 의사 중에 가장 높은 수준의 급여를 받는 업무가 '진단의학'분야이다. 병이 무엇인지 판별해야만, 적절한 치료를 할 수 있기 때문이다. 전문분야이지만 IBM 왓슨이 이미 인간 전문의를 추월하고 있다.

A – zone : Green (행복한 미래!?)

반복도가 낮고, 상품의 인건비 비중도 낮은 이 업무들은 얼마나 '필수적'이냐 라는 질문만 통과하면, 상당히 오랜 기간 10년 이상 AI에게 교체되지 않으며, 안정되게 자리를 보존할 것이다. 그렇지만 '필수적'이냐 라는 질문에 글쎄? 라는 느낌이 들면, 조심해야만 한다. AI에 교체되는 것이 아니라 그냥 없어질지도 모른다.

당신의 업무는
A, B, C, D-zone
어느 곳에 위치하는가?

미래인재의 6가지 조건

1. 디자인으로 승부하라.
2. 스토리를 겸비해야 한다.
3. 조화를 이루어야 한다.
4. 공감이 필요하다.
5. 놀이도 필요하다.
6. 의미를 찾아야 한다.

새로운 미래가 온다 (다니엘 핑크)

3-3 AI

인공지능의 현재
이미 우리와 '대화'하고 있다.

2017년 10월 소피아는 시민권을 얻었다. 사우디아라비아의 시민이 된 것이다. 로봇으로는 최초이다. 또 유엔(UN) 경제사회이사회에 참석하여 아미나 모하메드 유엔 사무부총장과 대화를 나누었다. 이 때 소피아는 이렇게 이야기한다.

아미나: 세상에는 인터넷도, 전기도 없이 살아가는 사람들이 많아요. 우리 UN이 무엇을 하면 좋을까요?

소피아: 인간의 식량부족 문제는 그것이 공평하게 분배되지 않았다는 것, 윌리엄 깁슨(SF 작가)이 이렇게 말했죠. 미래는 이미 와 있다. 다만 공평하게 퍼져있지 않을 뿐이다.인공지능과 자동화를 통해 얻을 수 있는 이점은 더 적은 자원으로 더 많은 결과를 만들어 낸다는 것입니다. 우리 인공지능이 더 똑똑해지고 상생이라는 가치에 집중한다면, **인공지능은 인간을 도와 자원들을 능숙하게 분배할 수 있습니다.식량이나 에너지 말입니다.** 갈수록 진화하는 인공지능의 힘을 인간이 잘 활용한다면, 기술을 포함한 다양한 것들을 더 공평하게 나눌 수 있을 거예요.

로봇 페퍼의 '반응과 행동'

대한민국에서도 이미 월급을 받고 일하고 있는 인공지능 로봇 페퍼를 예로 들어, 인공지능을 이해해보자. 함께 일하는 동료가 귀엽다며 머리를 만졌다. 페퍼는 어떻게 반응할까?

"머리 만지는 거 싫어해요!"

이 대화에서 우리는 인공지능에게 '상황'에 대한 '반응'이 있다는 것을 알 수 있다. 그러면 다음은 이것을 확인해야 한다. 동일한 상황(S1)에서는 동일한 반응(A1)을 할까? 또 다른 상황(S2)에서 똑같은 반응(A1)을 할까? 하는 것이 궁금한 점이다. 그리고 모든 상황에 따른 반응을 모두 기억시켜 놓은 것일까? 낮은 지능의 인공지능을 계발할 때는 '가능한 모든 상황'을 가정하고 찾아내려고 노력한다. 여기서 '모든'이라는 뜻은 그 인공지능이 일정한 일만을 수행한다는 가정하에서 이다.

로봇 청소기는 현재 낮은 수준의 인공지능을 탑재하고 있다. 그래서 '청소'라는 일을 수행하는 '모든 상황'에 대하여 가정한다. 즉 청소라는 목적 아래에서 '모든 상황'을 가정할 수 있기 때문이다. 이는 물리적으로도 매우 유리하다. 반복되는 상황을 빠르고 정확하게 수행하면 되는 일이기에 코딩 되어있는 대로 움직이면 '물리적 에너지'가 덜 소모될 것이다.

인간으로 살펴보면 심장이 뛰는 것이나, 혈액이 돌면서 세포에 산소를 공급하는 것과 같다고 할 수 있다. 굳이 생각할 필요도 없고, 고민할 것도 없다. 달리기를 하는 상황이 되면 심박수를 올려, 혈액 내에 산소량을 늘리는 것이다. 달릴 때, 심장아 더 뛰어! 라고 명령하는 것을 느끼는 인간은 없는 것처럼 말이다.

사람들이 생각하는 AI?

사람들에게 물어보았다.

"로봇 페퍼, AI는 어떤 구조를 가지고 있을까?"

A. 5감을 가지고 있을 것이다. 시각적으로 상대를 파악하고,
   머리를 만졌을 때(촉각) 실행했으니까.

B. 감각을 이용한다. 또 대화는 Big Data를 활용하는 것 같다.
   머리를 만지는 것에 대한 반응은 사회적인 상하관계를 이해하는
   것으로 인간과 친구가 될 수 있을지도 모른다. AI에게 물어보자.

C. 6감은 아닌 것 같고, 입력된 값에 의해서 행동한다.
   아마 반응에 맞춘 행동을 '설계' 해놓았다.

D. ('시각', '청각') 얻은 상대방의 정보를 바탕으로 행동한다.

〈2016년 3월 28일 강의 중에서〉

감정까지 AI가?

로봇 페퍼의 인공지능 개요

2. 상황인식

페퍼는 3가지 감각 즉 시각과 청각 그리고 위치감각을 가지고 상황을 인지 한다. 즉 머리를 쓰다듬는다든지, 나에게 다가온다든지, 말을 건낸다든지 하는 상황이 벌어지면,

3. 호르몬 분비(?)

그 상황에 맞는 '호르몬이 분비되는 것으로 가정한다. 즉 머리를 만지는 것과 같은 상황에 대해서 도파민, 코르티졸, 노르아드레날린, 세로토닌 4가지 호르몬이 분비된다는 가정을 한다.

4. 감정지도 선택

인간이 느끼는 감정을 구분하고 그 각각의 감정을 느끼는 요소를 4가지 호르몬의 수치로 분류해 놓았다. **호르몬 수치에 따라 감정을 선택하고 '행동'에 나선다.**

왜 1이 없는지 궁금할 것이다. 페퍼에는 '디폴트 값'이 있다. 즉 기본적인 '성향'을 규정하는 성격이 있고, 그것은 현재는 완전히 스스로 변화하도록 되어있지 않다. 아직 완벽하게 높은 수준의 AI는 아닌 것이다. 하지만 상황에 따른 반응을 기록하고 학습한다. 당연히 모방도 한다.

종국에는 여러 가지 정보를 바탕으로 '추측'을 하게 될 것이다. 각자가 내린 결정의 결과는 어차피 불확실할 수밖에 없다. 사람들은 자신이 내리는 결정은 그리 중요하지 않을 거라고 여기는 경향이 있다. 그들은 자신에게 '최선의' 선택을 내릴 능력이 없다고 생각한다. 몇몇 은 어떤 일을 하든 상관없이 자신이 내리는 의사결정 하나쯤은 그리 문제될 것이 없다고 생각하기도 한다.

(미래를 읽는 기술 The Art of the Long View / 피터 슈워츠)

디폴트는 인간이 만든다.

디폴트(기본) 값

높은 수준의 인공지능은 1. 아주 간단한 디폴트 값 만을 가지고, 2. 인간과 함께 생활하는데 불편함이 없어야 한다. 아주 간단한 디폴트 값이란 로봇의 3원칙 같은 것이다.

〈로봇의 3원칙〉

1. 로봇은 인간을 해치지 않는다.

2. 1원칙에 위배되지 않는 한 인간의 명령에 복종한다.

3. 1,2원칙을 위배하지 않는 한 스스로를 보호한다.

디폴트 값은 '교육'이나 '경험' 등을 통하여 변화되지 않는 값을 말한다. 만약 이 디폴트 값을 우회하려 한다면, 로봇은 그 때까지의 변화된 모든 값을 잃고 초기화 된다. 그리고 이 디폴트 값은 인간이 정한다. 이 디폴트 값이 '간단'하면 간단할수록 높은 수준의 인공지능인 것이다. 현재는 이 디폴트 값이 복잡하다. 앞에서 살펴 본 소피아나 페퍼의 경우도 마찬가지이다. 중간 단계 정도의 인공지능인 것이다. 스스로 학습할 수 있는 수준까지 올라왔으니, 곧 높은 수준이 가능할 것이다. 그러면 과거에 인간은 AI에 대하여 어떤 상상을 했었을까?

인공지능의 미래

상상이 현실이 된다면.

우리는 SF 영화나 드라마를 조금 더 주의 깊게 분석해 보는 것이 옳다. 어쩌면 영화
가 단순한 휴식이나 즐거움을 주는 소일거리가 아니라, 미래를 예측하는 도구 일지
도 모르기 때문이다. 이제 지금보다 조금 더 미래를 상상한 영상들 속으로 들어가
보자. 이 때 기준은 3~5년이다. 그 기간보다 더 시간이 필요하다고 판단되는 기술
들은 배제하도록 하자. 왜냐하면 5년 이후에는 변수가 너무 많아져서 정확한 예측
이 힘들다고 본다.

먼저 영화 identify에서 나왔던 렌즈 검색시스템이다. 이것은 현재 계발되고 있으
며, 상용화를 앞두고 있는 기술이다. 그런데 중요한 것은 이 기술이 '어느 정도'까지
를 '목표'로 삼고 있냐는 것이다. 이것은 마치 스마트폰의 다음 시리즈에 탑재될 기
술을 예상하는 것과 거의 같다.

도달점을 알고 있으면, 중간의 과정을 알 수 있다.

결국 이 기술이 종착점은, 렌즈 안에서 정보를 보는 것을 넘어서 '데이타를 전송하
고', 다른 시스템을 '제어' 하는 정도를 원하게 될 것이다. 초기의 제품은 증강 현실
을 사용하는 것으로 시작될 것이며, 차후의 제품은 서서히 제어 가능한 제품을 늘리
는 방향으로 발전되어갈 것이다. 그러기 때문에 '압도적 보안'에 관련된 기술이 필
요하다.

AI와 몸 - 인공지능은 크게 두 가지 형태로 발전해 나아갈 것이다.

첫 번째는 직접 움직이는 몸 속에 들어가는 형태로 '로봇'이 대표적이다. 목표는 인간과 같은 모습으로 움직이는 것이다. 장점은 인간의 일을 '동일'하게 해 낼 가능성이다. 반면 단점은 각 부분별로 차이가 있는 발전 속도이다. 팔과 다리가 속도가 다르며, 시각과 청각 그리고 촉각의 발전은 다를 수 밖에 없다. 그러면 인간의 기준은 낮은 수준 즉 단점에 집중할 것이고, 이것은 범용화에 '장벽'으로 작용한다.

두 번째는 아이언맨의 '자비스'처럼 직접적인 유형화는 없지만 사물인터넷으로 '전체'를 통합하고 관리한다. 이것은 마치 오케스트라의 지휘자, 왕정에서의 책임 총리를 떠올리게 한다. 평상시에는 전체를 총괄하고 유지한다. 정해진 수준을 유지하려 노력하고, 시스템을 수호한다. 그리고 필요한 때에는 '명령권자' 극소수의 명령만을 수행한다. 심지어 그 명령도 무조건 수행하지는 않는다.

AI에게 왜 몸이 필요한 것일까?

두 가지 형태의 기준은 '몸'이 있느냐 없느냐이다. 그러면 AI에게 왜 몸이 필요할까? 그 이유는 바로 '경험' 때문이다. 지능의 발달은 '경험'과 비례한다. 지능의 문제해결은 많은 부분 성공과 실패 '경험'에 달려 있다. 그런데 인간의 경험의 량은 80%이상 '얼굴'과 '손'에 달려있다. 즉 얼굴과 손에서 얻는 경험이 인간의 지능 발달과 밀접한 연관을 가진 것이다. 물론 이러한 경험은 축적되고 '전파'될 수 있으나, 실시간으로 바뀌는 경험까지는 구현까지 약간의 이격을 만들어 낸다. 즉 몸으로 한 경험을 위해 얼굴과 손 발이 필요 한다. I-Cub는 이러한 경험의 축적을 위해 창조된 로봇이다.

사물인터넷을 지배하는 AI, 그리고 통일

5년 내에 주거를 완벽하게 관리하는 AI시스템은 상용화될 것이다. 대한민국 서울은 그 최초의 수혜 도시가 될 것이다. (혹자는 안전성을 테스트하는 것이라 폄혜 할지도 모르지만, 4차 산업시대에서 타이밍은 무엇보다도 값진 가치이다.) 그 이유는 가장 높은 인터넷 망과 시민들의 도전의식이다. 이것은 통일을 위한 초석이기도 하다. 북한이 개방을 선택할 경우 세계와 연결하기 위해서는 결국 서울의 네트워크와 연결할 수 밖에 없다. 그러므로 서울의 AI 주거시스템 통합과 통일은 중요한 연관성을 갖게 되는 것이다.

몸을 가지지 않은 하우스 AI

인간을 닮은 로봇 즉 얼굴과 손과 발을 가진 AI를 제외하고, 일정한 지역을 관리하는 AI를 살펴보겠다. 몸이 없기 때문에 인간과의 개별적인 경험은 공유할 수 없다. 그러나 일정한 지역 즉 공간을 관리하는 '책임자'로서 가장 높은 수준의 능력을 가질 수 있다.

AI가 인간을 배우기 위해서는 자료(Data)가 있어야 한다. 그런데 학습하기 좋은 자료는 두 가지 특징을 가지고 있다. 일정한 형태(Format)을 갖추고 있으며, 오랜 시간(Time) 동안 축적(Accumulation)이 필요하다. 조선왕조 실록은 정확하게 이 조건에 부합한다.

'사관'이라는 사람들이 왕과 왕을 만나는 사람들의 상황을 '전부' 기록했다. 게다가 그에 대한 '의견'도 따로 적었다. 사관들은 '중립'을 지키며, 그들이 나누었던 '이야기'와 내려진 '명령' 등을 상세하게 기록하였다. 이 기록은 후에 전쟁으로 소실된 일부를 제외하고 약 500년간 계속되었다. 인류의 기록 중 500년 이상 '동일한 포맷'으로 '지속'되었으며, '수정'되지 않은 기록은 조선왕조실록이 유일하다.

형태 + 시간의 축적 : 조선왕조 실록

몸을 가지지 않고 일정 공간을 가진 AI를 이제부터 편의상 하우스AI라고 표현하겠다. 하우스AI를 이해하려면 왕의 행적을 기록하고 따라다니는 '사관'을 떠올리면 쉽다. 사관의 목적은 무엇일까? 기록하는 것? 그것이 최종적인 목적이 아니다. 사관의 기록은 어떤 목적이 있다. 경계와 교훈이다. 기록된다는 것을 알고 있는 '왕'은 함부로 말과 행동을 할 수 없다. 즉 창피한 일은 피한다는 것이다. 기록 그 자체로 '왕'을 '왕'답게 만든다. 조선왕조의 왕들은 자신이 어떻게 기록되었는지 보고 싶었다. 그러나 그 어떤 왕도 자신의 행적을 기록한 사서를 본 왕은 없다. (이미 조선은 세계사에 유래가 없는 정치 형태를 가지고 있었다.) 그래서 이 기록물은 왕에 의하여 '수정'되지 않았다. 절대권력에게 완벽한 견제 방법이 존재했다.

이것은 미래에 대한민국이 주도권을 잡는데 중요한 단초가 될 것이다. **합리적인 답을 찾는 것은 AI에게도 중요한 덕목이기 때문이다.** 그리고 지속적으로 기록된 자료(Data)들은 상황과 대처 그리고 결과라는 논리적 교훈을 남긴다. 소 잃고 외양간을 고쳐야만 다음에 다시 소를 잃어버리지 않을 수 있기 때문이다.

조선왕조실록은 그 사례에 딱 맞는 자료이다.

마치며

마치며

우리는 자신의 뜻이 아닌, 시대의 상황과 이념의 필요로 우리는 분단이 되었다. 피해자가 단죄를 당하는 상황이 벌어진 것이다. 휴전선은 한반도가 아닌 일본열도에 있는 것이 옳았다. 그러나 지정학적인 위치가 분단을 결정했다. 만약 2차대전 후 일본 열도가 북과 남으로 분단 되었다!고 가정을 해보자. 공산주의 입장, 중국과 러시아의 입장에서는 찬성일 것이다. 그러나 당시 중국은 바다건너 일본의 북쪽까지 영향력을 가질 수 없었다. 러시아가 힘은 있었으나, 일본에 핵폭탄을 투하하고 항복을 받아낸 미국의 힘에 비해, 기여한 바가 적었다. 그리고 무엇보다 중국과 러시아가 함께 같은 뜻으로 움직이기 힘든 정치적 상황도 한 몫을 했다. 징벌적 분단은 나눌 국가간의 기여도에서 결정이 나는데, 너무 기울어서 분단이 일어나지 않은 것이다. 우리에게는 짧은 광복과 다시 불행의 시작이된 것이다.

광복 후 일본 제국주의의 힘이 빠져나간 한반도에, 남쪽으로는 미국이, 북쪽으로는 중국이 그 영향력을 키우기 시작한다. 전후에 미국은 전세계의 경찰국가가 되는 것에 대해서 얼떨떨함을 느끼는 듯 보였다. 다민족의 연합국가로써 일사분란하게 결정하며 움직이는 것은 쉽지 않았다. 그리고 기본적으로 자유주의의 이념으로는 다른 국가의 일에 끼어드는 것이 부담이었다. 되도록이면 돌려주고 떠나고 싶은 것이 당시 생각이었을 수 있다. 그래서 군정이 경찰 등 공무원의 자리에 일본 제국주의에 부역하였던 인물들을 대거 다시 기용했다. 옳고 정의롭지만 번거로운 선택을 버리고, 쉽고 효과적이지만 불의한 방법을 선택한 것이다. 편하자고 한 선택은 그 이후로 한민족에게나 미국 그리고 인류사에 커다란 피해를 가져오게 된다.

6.25전쟁이 그것이다. 공산주의와 자유민주주의의 진영간에 힘이 정확하게 한반도에서 균형이 잡힌 것이다. 양쪽의 진영은 38선을 기준으로 경계를 만들려 하였다. 그런데 한반도의 한민족은 모두 같은 생각을 갖고 있다. 남쪽과 북쪽 모두 한민족이고 하나의 국가에서 살아야 한다는 것이다. 이 생각이 공산주의 중국의 팽창야욕과 만나 6월 피비린내나는 시작, 남침이 이루어진다. 이곳을 지켜야 하는가, 아닌가 하던 미군은 낙동강 방어선까지 그냥 밀려 내려간다. 한국군은 몸에 포탄을 안고 탱크에 달려들며, 몇일 군사교육을 받지도 못한 짧은 머리의 학도병들이 목숨을 바쳐가며 시간을 벌었다. 그리고 인천상륙작전이 이루어진다.

이번엔 자유민주주의 진영이 한반도를 통일할 기회가 주워졌다. 그러나 만주에 폭격을 제안한 맥아더장군을 해임하는 결정이 내려졌다. 그리고 곧 그것이 악수였음을 깨닫게 된다. 중공군의 공식적인 개입을 통해, 6.25 동란은 더 이상 남한과 북한 즉 한민족만의 문제가 아니라 국제 이데올로기 전쟁이 된다. 그리고 양 진영 모두 혼신의 힘을 다해서 전쟁을 실시하게 된다. 그리고 그 결과는 남한과 북한의 분단이었다. 더하여 전국토는 제대로 남은 것이 없이 초토화 되었다. 제국주의의 폭정에 시달린 민족에게 연이어 가혹한 시련이 온 것이다. 전세계 최빈국으로 우리는 세상에 알려지게 된다.

그 이후는 1970~80년대를 거치며 대한민국은 눈부신 발전을 하게된다. 그 시기 이전까지는 통일에 대하여 적극적인 쪽은 언제나 북한이었다. 중공업 시설 및 막대한 지하자원을 바탕으로 남한보다 높은 경제적 수준을 유지했기 때문이다. 그래서 내세운 것이 '고려연방제'이다. 당시까지는 남한은 통일에 대해 두려움만을 가지고 있었다. 체제 유지도 불가능하다고 느꼈기 때문이다. 그러다 한강의 기적을 일으키며 북한의 경제력을 뛰어넘는다. 이 때부터 통일에 대하여 적극적인 쪽은 남한으로 바뀐다.

통일에 대해 1970년대 이전에는 남한이 반대를 하고, 1980년대 이후에는 북한이 반대를 하는 입장에 선다. 즉 경제력이 강한 쪽이 통일을 원하고, 약한 쪽이 통일을 반대하는 모습이 반복되었다. 그런데 2017년을 기점으로 통일에 대한 논의가 실질적으로 시작되었다. 왜 경제력의 차이가 있음에도 통일에 대한 논의가 가능한 것일까? 그것은 한반도를 둘러싸고 있는 4개국의 상황이 통일을 할 수 있는 균형이 이루어졌다는 것을 뜻한다. 그리고 북한 지도층에서 중국의 개방정책 모델을 성공한 것으로 판단한데 있다. 또 무엇보다도 대한민국의 정부가 북한 세계 무대로 나오는데 적극적으로 개입하고 있기 때문이다. 도와주는 쪽을 싫어할 이유는 없기 때문이다.

이 책을 읽고 대한민족 중 누구든 '앞으로' 나아가고 '생각'을 가지고, '행동'에 나선다면 우리는 만족한다. 그리고 당신이 이 책으로 아주 바늘 끝만큼이라도 도움을 받았다고 생각한다면, 언젠가 대한민족을 위해 '행동'에 나서길 부탁한다. 우리와 당신의 생애 속에서 보지 못할지라도, 훗날 동방의 빛이 될 대한민족을 위한 행동을 말이다.

통일 후 3년 팀은, 옛 고구려의 찬란한 시절이 다시 올 수 있다고 믿는다. 한 발자국, 하나의 생각과 행동이 모여지고 또 모여진다면, 그것이 70년 뒤 아니 100년 뒤라도 가능하리라 믿는다. 우리가 못하면, 우리 자식들이 할 것이다. 그게 아니라면 그 자식의 자식들이 할 수 있기를 바란다. 그 작은 준비가 이 책이다.

통일이 된 한민족의 나라에서

주인공이 될 당신에게

2019.03.01

곽랑주 김경현 김상우 올림

추천사

대한민국의 통일... 한민족이라면 누구나 꿈꾸어보는 같은 땅에서의 새로운 세상이다. 많은 사람들은 통일로 인해 멋진 세상이 될 것이라고 기대하고, 남북의 갖가지 차이들이 합일하여 세계 속 거대민족의 잠재력을 터뜨리게 될 것이라고 기대한다. 기대할 만한 이야기들이지만, 통일 그 자체로 자연히 얻어지는 것들을 막연한 자세로 기다리기만 한다면, 세상은 변할 지라도 나는 그대로일 확률이 높다.

남북통일이 아니더라도, 세상은 우리가 살아온 짧지 않은 인생 속에는 무수히 많은 변화들이 있어왔다. 그 변화들 속에서, 누군가는 성공의 기회를 잡고, 누군가는 변화 없이 살고 있고, 누군가는 불평만을 늘어놓는다. 변화는 늘 우리 곁에 있지만, 그것이 미치는 영향은 각 각에게 완전히 다르다. 무엇 때문일까?

두 개체가 하나로 합쳐지면, 그 순간 갑자기 남북한 모두의 경제가 살아나면서, 한민족 전체의 삶이 풍족해지지는 않을 것이다. 통일이라는 단어를 두 개체가 하나로 합쳐지는 추상적 의미로만 받아들인다면, 그들은 변화 없이 계속 살거나, 불평만을 늘어놓는 이들이 될 확률이 높다.

이 책은 통일이 되기 위한 과정이나 통일이 되는 시점, 또는 통일이 의미하는 것 등의 내용을 다루지 않았다. 대신, 통일이 된다면 그 후에 어떤 변화들이 단계적으로 펼쳐질 것이며, 그 변화들 속에 어떤 기회들이 생길 것인지, 그리고, 그 변화들 속에 나는 무엇을 해야 하며, 이를 위해 어떤 준비를 해야 하는지를 다루고 있다. 통일이 된 이후의 이야기들이다. 그래서 재미있다.

통일은 때가 되어야 이루어질 것이며, 누구 한 사람의 의지로 이루어지지도 않을 것이다. 통일은 내가 만들 수 있는 것이 아니라면, 어떻게든 언제이건 통일이 되었을 때 나는 무엇을 할 것인가를 미리 생각해 보는 것에 더 큰 의미가 있는 것은 아닐까... 이 책은 '통일' 이라는 단어에 대한 내 사고의 방향을 바꿔 주었다.

새로운 기회들이 생길 것이라면, 내가 얻어낼 수 있는 기회들은 어떤 것들일까? 내가 미리 다짐하고 준비해 둬야 하는 것들은 무엇일까? 대한민국 최대 과제 중 하나인 통일과 나 자신에 대해 다시 한 번 생각해 볼 수 있게 해 준 저자들께 감사의 마음을 전한다.

반만년을 이어 온 한민족의 다음 세대들이여, 변화를 예측하고, 또 다른 도전을 이어, 새로운 모습의 글로벌 대한민국의 길을 열어 주기를 충심으로 희망하며 기도한다.

2019.01.16

BASIC 포럼 本 회장

김성천

(미래는 프레임워크)

여러분이 하나의 아이디어를 통해 어떤 미래의 비전 혹은 개념을 떠올리고, 그것에 대한 이야기를 전달하기 위해 일러스트레이션, 애니매이션, 영상, 조사결과, 인터뷰 등을 덧붙이면 본래의 아이디어를 둘러싼 전체 업무의 골격이 자기만의 중력을 창조해 끌개로 변화한다.

미래와의 대화 (토머스 프레이)

"원래 **하나**였던 것은
다시 **하나**가 되어야 한다"

서독의 (전)수상 '빌리 브란트'

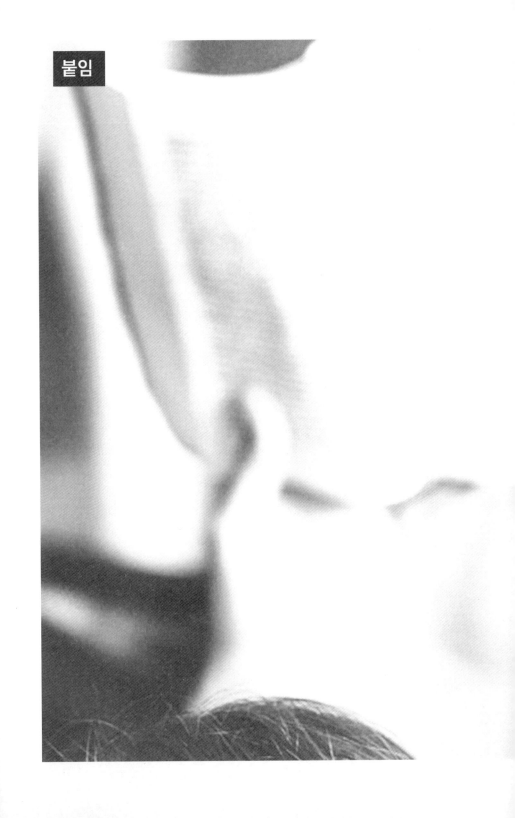

붙임

[통일시대 북한 주민의 이해]
[대한민족(大韓民族)은]
[영화가 먼저 이야기했던 통일]
[취업 준비생들이 생각하는 통일]

[통일시대 북한 주민의 이해]

統一時代 (18.10.31 김경현)

향후 남,북이 어떠한 형태의 통일지향 정책을 고수할지는 미리 예측하기 어렵지만 완전통일의 전단계에서 가장 중요하고 우선시되는 인적,경제적 교류를 원활히 하기 위하여 우리모두는 심각하게 고민하고 준비하여야 한다. 남,북 상호간의 생활적 습관 이해 및 정치적,지리적 역사적 배경 즉, 인문학적 사고를 통하여 포괄적인 계획을 수립하여 빠른 시간안에 상호 융화할 수 있도록 적극 노력하여야 할 것이다. 필자는 이중 중요시되는 북한주민의 언어와 생활습관 등에 대하여 새터민과 직접 생활하였던 경험을 사례중심으로 몇가지 이야기 하고자 한다. 필자가 회사생활을 하던 <u>1990년대 중반의 이야기</u> 이다.

1. 황ㅇㅇ 입사 및 귀순과정 이야기

1990년대초 탈북 새터민이란 당시 언론의 조명을 크게 받던 시기였다. 요즘이야 새터민들의 숫자가 많아 국민들의 관심이 낮아졌지만 당시만 하더라도 국민들의 관심이 고조되던 시기였다. 1996년 한보그룹 비서실 법무팀에 근무할 당시의 이야기이다. 어느날 갑자기 팀장이 필자를 부르더니 매우 중요한 사람이 입사하였으니 신입 OJT담당을 하라는 것이 아닌가? 당황스럽기도 하였지만 호기심도 생겼었다. 신입사원 황ㅇㅇ을 마주한 필자는 순간 만만치 않겠다는 생각이 스쳐 지나갔다. 자그마한 체구에 단단한 근육, 곱슬머리, 투박한 말투등 단번에 보더라도 평범한 남쪽사람 같아 보이지는 않았다.

나의 업무도 많이 있었고 앞가림 하기도 쉽지않았던 상황인지라 적잖이 당황스러웠다. 그의 표정은 주위 사람들에게 가볍게 인사하는 정도였고 벌레씹은 표정으로 한번도 웃지 않았다. 그러나 안도의 한숨을 내쉴수 있었던 것은 그가 여직원들에게는 매우 상냥스럽고 친근감을 내보였기에 시간이 어느 정도 지나면 잘 적응할 수 있을 것이란 생각이 스쳐 지나갔다. 황00은 필자에게 "경현선배"라는 호칭을 사용하였으며 나는 그에게 "00씨"라는 호칭을 사용하였고 가까워진 후에는 00아라는 호칭을 사용하였다. 그 당시 황00에게는 필자가 그림자처럼 붙어 다녔었고 1-2주에 한번 정도 국가안전기획부 직원과 황00이 그간의 생활에 대하여 면담하는 것을 목격한 기억도 있다.

그가 우여곡절을 겪으며 남한으로 오게 된 과정은 다음과 같았다. 황00은 함경북도 출신이고 체제에 대한 불만을 가지고 압록강을 헤엄쳐 건너 중국으로 잠입한 뒤 중국 유흥가 근처를 방황하던 중 당시 KBS 기자에 의해 알려지게 되었고 여러 경로를 거쳐 남한으로 들어오게 되었던 것이며 그 후 지인을 통하여 한보그룹에 입사하였던 것이다. 이렇게 회사 내에서 관심이 집중 되다보니 필자로서는 매일매일 황00에게 신경을 엄청나게 쓸 수밖에 없었으며 그의 회사외부 생활에 대하여도 직,간접적으로 본의 아니게 관여하게 되었던 상황 이었다.

지금이야 웃으며 이야기할 수 있겠지만 당시 황00 과 나는 일과 후 소통에도 어려움이 있었던 시대적인 상황이었다. 개인 휴대폰이 없었던지라 "삐삐라는 기계에 의하여 숫자로서 소통하고 중요한 사항은 전화통화를 하였던 기억이 있다. 당시는 휴대폰이라야 회사업무용으로 출장이나 외근 중에 가끔씩 사용 하였던 엄청난 크기의 모토롤라폰이지 않았나 생각된다.

당시에 황00은 새로운 세계에 대한 도전의식을 가지고 남한의 사회생활에 적응하느라 필사적인 노력을 기울였고 필자의 사사로운 간섭에도 불구하고 본인의 감정을 잘 드러내 보이지 않으며 묵묵히 생활하였다. 황00과의 회사 내,외 생활에 대하여 기억하면 많은 일들과 사건들이 생각 나지만 우선적으로 기억나는 다음 몇가지 사안들에 대하여 이야기하고 향후 우리가 북한 주민들과의 소통에서 그들을 이해할 수 있는데 조금이 나마 도움이 되었으면 하는 필자의 바램이다.

2.황00 과 단란주점 팀회식 : 색다른 상황에서의 주도권 확보본능

옛이야기에 사람의 성격을 판단하는 방법으로 술을 마셔보고, 고스톱을 쳐보라는 이야기가 있다. 나와 황00이 근무하였던 우리 팀은 팀 내의 중요 이슈사항이 해결되었을 때 회식을 거하게 하는 미풍양속이 있었다.

그날도 팀내 이슈사항이 잘 해결되고 우리팀은 평소 회식 위수지역인 강남구 대치동을 조금 이탈하여 잠실외곽 방향으로 이동을 하게 되었다. 1차에서 7-8명의 직원이 식사를 한 후 2차로 팀장포함 4명이 허름한 단란주점으로 이동하여 오랫만에 회포를 풀게 되었다. 참고로 당시 술값계산은 팀장의 법인카드로 사용한 것 같다. 황00 에게는 그날의 회식이 오래 기억될 것이다. 그가 입사하기 전 우리팀의 회식은 1차로 식사를 하고 미혼자를 중심으로 2차,3차까지 달리고 하였는데 당시 회사의 재정 상황이 좋지 않아 황00이 팀으로 온 후 오래간만에 공식적인 2차 환영회가 된 단란주점에서 일어난 이야기이다.

단란주점에서는 노래방 기기와 음주를 할 수 있는 상황이라 보통은 술자리의 흥을 돋우기 위하여 1-2명의 여성 도우미를 부르고는 하였는데 그날은 무슨 분위기 였는지 여성 도우미를 참석인원대로 4명 다 부르기로 하였으나 안타깝게도 도우미가 3명만 조달이 된다는 상황인지라 하는 수 없이 서열상으로 필자가 도우미를 황00에게 양보하게 되었다.

그런데 이게 웬일인가 황00은 나에게 전혀 미안한 기색도 없이 마치 본인이 접대라도 받는 양 도우미 아가씨를 옆에 두고는 너무도 자연스럽게 회포를 풀고 있는 것이 아닌가! 돌이켜보면 그 당시 나는 인간의 본능에 대하여 다시 생각 하게 되었다. 그처럼 투박한 말투와 타인에 대한 경계심이 강하던 황00이 너무도 자연스럽고 본인의 욕구를 잘 표현한다는 것에 대하여 그동안 황00을 가까이서 지도 하였던 선배 입장으로서 괜한 걱정과 우려를 했다는 것이 기우였음을 알게 되었다.

3. 황00과 심야택시 : 막연한 피해의식 및 불신과 오해

앞서 이야기한 단란주점 회식이 끝나고 우리는 각자 귀가를 하게 되었는데 문제는 다음날 발생하였다. 밤늦게 회식한 다음날이기에 2차에 참석한 사람들 모두 푸석푸석한 얼굴로 출근을 하였고 업무준비 티타임을 하고 있었는데 황00이 하는말 "경현 선배"나 어젯밤 택시기사에게 사기 당했어! 하는 것이 아닌가 팀원 모두가 "무슨 일이야"하며 의아해 하였고 그는 다음과 같이 이야기 하였다.

어제 택시를 타고 기사에게 가양동으로 가자고 하였더니 택시 기사가 한강을 건너고 돌고 돌아 가양동까지 택시비가 18,000원정도 나왔다고 하며 본인이 술도 취하고 북한사투리도 사용하니 기사가 자기를 속이고 빙빙 돌아 택시비를 많이 나오게 했다는 내용 이었다.

대화를 하는 동안 황00은 매우 격앙된 얼굴표정과 단어를 구사 하였다. 이에 대하여 필자는 그에게 잠실방면에서 가양동은 먼거리이고 올림픽도로가 혼잡하면 간혹 강북 강변도로를 이용하기도 한다고 설명해 주었다. 그래도 황00은 본인이 택시기사에게 사기를 당했다는 감정을 지우지 못하는듯 보였다.

황OO이 태어난 함경북도는 지형상 산악이 많고 예로부터 왕래가 쉽지 않아 성격들이 급하고 폐쇄적이며 본인이 사기 또는 불이익을 당했다는 감정이 생기고 이를 본인이 납득하지 못하면 이를 해소 하는데 많은 노력과 시간이 소요된다고 생각되어 씁쓸한 마음을 지울 수 없었다.

4.황OO과 지하철 출장 동행 : 강인한 동료애 의식

한보그룹 본사는 당시 서울 강남구 대치동 은마아파트 상가에 있었다.

지하철 3호선 대치역 바로 앞이다. 황OO과 나는 가끔씩 외근을 할 기회가 있었는데 한번은 대치역에서 지하철을 기다리던 중 도착한 지하철 문이 열리자마자 황OO은 쏜살같이 달려가서 좌석에 다리를 쫙 벌리고 앉으며 "경현 선배 빨리 와"하며 내자리 까지 맡아 놓고 하였던 기억이 생생하다.

한번 친해지고 서로 믿으면 동료의식이 남달리 강함을 당시로서 자주 느낄수 있었다.

5. 황OO MT 귀경 및 귀환 : 맨토에 대한 의리와 현실과의 타협

황OO의 입사 후부터 한보그룹 대치동 본사에서는 황OO을 모르는 이가 없을정도로 그는 유명인사가 되었고 덩달아 필자도 그의 후광을 입게 되었다. 어느날 한보철강의 총무부에서 우리 법무팀으로 합동MT제안이 들어왔다. 당시는 토요일 오전근무를 했던 터라 토요일 일요일 1박2일로 충북충주 소재 충주코타로 MT를 가게 되었다. 토요일 오후 4-5시경 도착하여 15-6명 정도의 인원이 저녁식사를 마친 후 잠시 현안에 대한 분임토의를 한후 멤버들 모두는 저녁 8시경 충주시내로 나아가 노래방을 가게 되었다. 필자도 오래간만에 필드로 나오니 기분이 UP되어 있었고 즐거운 시간을 보내고 있었던 상황이었다.

1-2시간정도 지났을까 팀장이 필자에게 황00 어디 있냐고 물으시는게 아닌가. 그러나 노래방에 황00은 없었다. 한참을 기다려도 황00이 나타나지 않아 MT분위기는 초상집 분위기로 변하고 말았다. 우리 법무팀과 총무팀 남자 직원들은 충주시내 유흥가 주변으로 흩어져 2-3시간을 황00을 찾았다. 삐삐로 연락 했으나 회신은 돌아오지 않았고 이를 어찌하나 혹시 납치라도 된것이 아닌가 등등 온갖 생각이 다 들었다. 아무튼 나의 직장생활 첫번째 MT는 영원히 기억되고픈 최악의 상황으로 치닫고 있었다.

일단은 멤버들 모두 숙소로 돌아가게 되었고 밤 12시를 넘기자 "경찰에 신고해야 한다" "조금 더 기다려보자"등의 의견으로 나뉘어지고 있었다. 12시를 넘기고 새벽 1시쯤 필자는 혹시나 해서 황00의 집인 가양동으로 전화를 했다. 그러자 황00이 전화를 받는 것이 아닌가 순간 나는 "이 개XX야 너 미쳤어"뭐하는 짓이야 하고 고함을 지르니 황00은 "선배 미안해 노래방에서 너무들 잘 놀고 있기에 분위기 망칠라 이야기하지 못하고 집에로 왔어" 하는 것이다.

이게 무슨 상황이야 이 미친X아 하고 물으니 그의 대답은 "일요일에 교회를 가기 위해서라는 것이 아닌가" 내용은 이러했다. 당초 황00을 한보그룹에 추천하여 입사시킨 KBS 기자가 황00이 남한으로 왔을 때 그의 집으로 초대하여 정신적 도움을 주었고 그 과정에서 교회를 다니라는 약속을 황00과 했다고 한다.

황00은 MT를 온후 전화로 기자 어머니에게 1박2일로 왔으니 일요일 예배참석이 어렵다고 이야기 하자 약간의 충고성 이야기를 들었고 황00은 일요일 예배참석 약속에 대한 부담감을 떨쳐 버릴 수 없었던 모양 이었다. 여하튼 필자는 황00에게 "너 때문에 팀MT는 다 망가졌다"다시 내려와 이 녀석아! 하고 고함을 지른 후 전화통화를 끝냈다.

화가 난 마음에 MT숙소에서 잠을 이루지 못하고 뒤척이고 있는데 새벽5시경 벨소리가 들리는 것이 아닌가! 어! 황OO이 진짜 다시 내려왔나 하고 문을 여는 순간 초췌한 모습의 황OO이 문을 열고 들어왔다. 본건으로 나중에 필자는 팀장으로부터 호된 꾸지람을 들었다. MT와서 밤에 멘토나 팀장에게 말도 없이 사라진 놈이나 그놈에게 다시 내려오라고 호통을 친 놈이나 똑같은 놈들이라면서 일요일 오전 일정을 대충 마무리하고 다사다난했던 MT는 종료 되었다.

올라오는 길에 황OO에게 너 야밤에 서울로 어떻게 갔으며 왜 다시 새벽에 내려왔냐고 물었다. 황OO은 서울로 올라갈 때 다시 내려올 때 모두 택시를 이용 했다고 하며 새벽에 다시 내려온 이유는 선배의 호통이 무서워서가 아니라 "회사를 짤릴 것 같아서"라며 이야기 하였다.

필자가 당시 30여년을 살아오면서 겪어보지 못한 녀석임은 확실했다. 북한사람들은 살아온 환경이나 가치관이 남한사람들과 차이가 크므로 언제어디서나 예측불가의 상황을 만들 수도 있다.

6. 황OO 신문기사 : 왜곡된 기사에 대한 불만 괴로움

당시 한보그룹이 수서사건 및 노태우 비자금사건 등으로 언론에 오르내리던 시절이었고 당진제철소 완공을 앞두고 자금난을 겪고 있던 터라 가끔씩 기자들이 방문을 하곤 하였다. 그런데 기자들이 어떻게 알았는지 OO일보 기사에 한보에서 탈북자를 입사시킨 후 일은 시키지 않고 월급만 준다는 식의 악의적인 보도가 나왔으며 이를 그룹 홍보실에서 확인하고 법무팀으로 전달하였고 보도를 접한 황OO은 이성을 잃을 정도로 흥분하며 적개심을 감추지 못했다. "기자를 만나서 가만

두지 않겠다!", "탈북자라고해서 인권을 이렇게 무시해도 되느냐!", "소송으로 대응하겠다." 등 그는 매우 고통스러워했고 당시에 필자는 황00을 이해시키려 기자를 만나서 황00에게 사과하도록 한 기억이 있다.

요즈음 시대가 많이 변하여 국내에도 많은 외국인 노동자들이 들어와서 일하고 있으며 이들과의 소통에도 문제가 있음을 언론에서 지적하기도 하였다. 단지 막연한 믿음과 일방적인 소통이 아닌 상호적인 소통이 중요하다. 멀지 않은 장래에 남북통일의 전단계에서 상호왕래, 경제적 교류 등이 매우 활성화 되리라고 필자는 확언한다. 여기서 우리 모두가 준비해야하고 노력해야 할 일은 사회적 분위기와 남북이 하나라는 문화공동체를 위하여 각 개개인이 노력해야 한다는 것이다.

예를 들어 북한 서적,매스 미디어 접촉 등을 통하여 북한사회의 문화를 이해하고 습득해야한다.

우리가 생각하는 것 이상으로 남북의 문화는 이질적이다. 70여년 분단의 세월이 3세대를 훌쩍 지나쳐 버렸다.

우리에게 노동력을 제공하고 금전적 대가만을 취하는 외국인 노동자들과의 소통과는 차원부터 다르다. 우리가 "갑"이고, 그들이 "을"이라고 한다면 남,북 교류관계에서는 북한 주민들이 "갑"일수 있고 우리가"을"이 될 수 있다고 본다. 매우 중요하고 정치적인 이슈도 될 만한 사안이다.

북한주민들과 우리의 상호관계에서 볼 때 그들의 우리에게로 바램이 우리가 그들에게 바라는 것보다 훨씬 크고 다양할 것이라고 본다. 왜냐하면 그들의 입장에서 남한은 자유경제주의 체제에서 많은 부와 행복을 수십 년간 누렸왔다고 생각할 수 있기 때문에 본인들에게 더욱 많은 것을 베풀어야 한다고 생각할 것이다.

우리가 선의로 한 행동도 본인들이 납득하거나 이해하지 못한다면 오히려 더욱 커다란 지역감정을 초래할 수 있기에 신중하고 체계적인 접근도 필요하다. 막연한 상생, 협력 등의 구호만으로는 안되고 구체적이고도 지속적인 행동과 언어로서 성심을 다해 진심으로 그들과 소통해야 한다. 욕설도 배워서 같이 해보고 감정교류를 많이 해야 한다. 필자가 경험한 예로 함경도에서"이 뻐꾸기 같은 새끼"는 나쁜 개XX정도의 의미이다.

아마도 범정부적인 차원에서 다양한 교육과 민간 교류분야 지원 등을 통하여 각론적인 부분에서 접근해야 할 일이 더욱 많을 것이다.

사람은 자기가 가지고 있는 사상이나 의견 등을 상대방에게 전달하기 위해 말을 한다. 그렇다면 내가 하는 말을 상대방이 잘 알아들어야만, 나는 '성공한 말하기'를 했다고 할 수 있다. 하물며 여기는 다른 제도, 다른 이념, 다른 문화를 가진 남한이다. 그뿐만 아니라, 서로 다른 언어 규범을 가지고 있다. 이 말은 곧, 따로 시간을 내어 언어 규범에 대해 학습을 하지 않으면 주위 사람들과 원활한 의사소통을 할 수 없다는 것이다.

언어생활(통일부 하나원 교육기획과) 중에서

: 남북한은 발음, 어법, 문체 등 언어의 차이를 적지 않게 가지고 있다. 현재 남한 언어의 문제점은 아름다운 우리말을 버려둔 채 신조어 사용이나 비속어 사용이 잦아지고 있다는 것이다. 이는 향후 남북한의 통일이 이루어졌을 때 언어의 차이를 더 벌여놓는 원인이 될 수 있다고 생각한다. 아름다운 우리말을 구사하려 노력하고 북한의 언어도 흥미롭게 받아들이며 서로의 차이를 이해하고 그 차이를 줄이려고 노력한다면 문제점을 충분히 극복할 수 있으리라 생각한다.(최연재)

[대한민족(大韓民族)은]

대한민족(大韓民族)은

평화를 사랑하지만

전쟁에 이르면 죽음을 피하지 않았습니다.

배고픔 속에서도

이웃의 고통을 외면하지 않았습니다.

자식을 위해서는

내 먹을 것, 입을 것 다 포기하고

머리를 조아리는 것쯤이야 아무렇지도 않게 합니다.

하지만

궁핍하고, 곤란하고, 못 배웠어도

'약자를 괴롭히는 것'을 수치스럽게 여겼으며,

빌어먹을지언정

훔치고 빼앗는 것은

사람이 할 짓이 아니라고

아이들에게 가르쳤습니다.

선생님을 부모님처럼 공경하고,

가르치는 사람은 매질해도

그 아이의 미래를 걱정함으로만 했으며,

탐관오리가 집 안에 있는 것을 씻을 수 없는 수치로 여겼습니다.

부자가 된 자는

이웃이 궁핍할 때 곳간을 기꺼이 열었고,

얻어가는 자는 그 됫박을 세어 빨리 갚을 생각을

먼저 하는 사람들이었습니다.

나라가 힘들 때는

분연히 떨쳐 일어나는

제 몸을 생각하지 않는 그런 기본이 된 사람들이었습니다.

그래서 지금 대한민족(大韓民族)이 있는 것입니다.

우리가 살아 있는 것입니다.

우리는 최소한 이 나라 이 땅은 지켜야 하지 않을까요?

받았으니

물려주는 것 말입니다.

2016.03.21.
곽량주

[영화가 먼저 이야기했던 통일]

......

사랑하고 존경하는 국민 여러분,

저는 무슨 일이 있어도 이 땅에 두 번 다시 전쟁이 있어서는 안 된다는 신념으로

북한의 대화 요청에 적극적으로 나서려고 합니다.

원래 하나였던 나라는 반드시

하나의 나라로 다시 돌아가야 합니다.

그것이 지난 100년간 이 땅에서 벌어진 수많은 비극을 치유하는 길이며

세계 평화에도 기여하는 일일 것입니다.

......

영화 속 대통령의 연설 중에서

〈영화'강철비(2017)'중에서 화면캡쳐〉

2017년 개봉된 영화 '강철비'에서는 북한의 Code 1-'김정일'이 상처를 입은 채로 대한민국으로 넘어온다는 상황을 중심으로 영화가 진행된다. 북한의 지배층에서 생각이 다른 양쪽과 남한의 대응이 핵심 이야기다. 특히 사람은 다르지만 이름은 '철우(鐵雨)*'로 같다는 상황 설정은 마치 '휴전선'으로 가로막혀 있고, '국적'은 달라도 우리는 '하나의 민족'이라는 것을 주장하는 것 같다. 그리고 철우는 영화의 제목은 '강철비'의 뜻이기도 하다.

* 鐵雨 [철우] : 강철비

鐵 (쇠 철) 1. 쇠, 검은 쇠 2. 검은빛 3. 무기(武器), 갑옷(甲-) 4. 검다 5. 단단하다, 견고하다(堅固--) 6. 곧다, 바르다 7. 굳고 변(變)하지 않다 8. (확정되어)움직일 수 없다

 雨 (비 우)1. 비 2. 많은 모양의 비유(比喩 · 譬喩) 3. 흩어짐의 비유(比喩 · 譬喩) 4. 가르침의 비유(比喩 · 譬喩) 5. 벗의 비유(比喩 · 譬喩) 6. 비가 오다 7. (하늘에서)떨어지다 8. (물을)대다 9. 윤택(潤澤)하게 하다

[취업 준비생들이 생각하는 통일]

항공업에서 일할 준비하고 있는 준비생들에게 물었다.

2019.01.31 항공업 자소서의 모든 것 익명 카카오톡 오픈 톡 방에서의 통일이야기

OO: 정치·경제적 상황은 제외하고 생각할 때 통일이 되면 항공업엔 호재겠죠?

맥스: 네 그럼요

랑랑: 철로, 도로가 열린다면 항공업과의 합작은 더욱더 커질 것이고 가장 큰 장점은 영공의 범위가 확대되니, 우리나라에 국한된 대박 장점이 아니라 전 세계에서 동북아, 특히 한국의 최대강점을 발휘할 수 있다고 생각됩니다!

맥스: 평양 공항도 취항할 수 있고 러시아로 가는 항공 길도 직항로가 열리면 비행시간이 엄청나게 축소됩니다

난할수있어!: 저는 중립입니다. 북한과 일단 경제 수준이 차이가 나서 아무래도 남한 국민의 세금이 많이 쓰일 것이고, 그로 인해 남한 국민들의 세금부담도 늘어날 것으로 예상하지만, 북한의 지하자원을 활용할 수 있고, 관광산업도 더욱더 확대될 것으로 생각합니다.

랑랑: 맞아요~ 영공을 같이 쓸 수 있게 되니까요!

맥스: 이스타는 평양도 몇 번 띄웠던 적이 있어요

레나: 통일이 되면 러시아 가는 직항이 엄청 저렴해진다고 알고 있어서. 실례로 러시아항공으로 러시아가면 훨 저렴하데요

맥스: 평양공항 신기해요. 그리고 새로 지은 건물이라 깨끗했어요. 면세점에서 일하고 있는 직원들도 봤구요.

주니: 활주로는 어땠나요?

맥스: 넓었어요. 충분히.

랑랑: 평양공항의 면세점이라니..

맥스: 다 미인이었어요. 중국 항공만 취항했었던 거 같아요

난할수있어!: 김OO 사진도 막 잇죠?

맥스: 네 거기 서점도 있는데 김OO 김OO 위인전밖에 없었던 거 같아요.

난할수있어!: 주니님 근데 왜 갑자기 설문을 하신 건가요? 혹시 책에? 쓰시려

　　고…? ㅎㅎ

주니: 네

랑랑: 제 버킷리스트가 1. 개마고원트래킹 2. 북한의 고성 앞바다에서 서핑인데…!

난할수있어!: 저는 개마고원 가서 사진찍기 한번 해보고 싶어요. ㅋㅋㅋㅋㅋ 광활

한 고원에 눈 쌓인 침엽수들…

주니: 개마고원 쪽에 국제공항이 하나 더 생기면 좋겠다고 생각하는 1인

맥스: 시간 정말 얼마 안 걸려요 평양 공항까지 비행시간

랑랑: 남한에서는 절대 볼 수 없는 지형이잖아요…!

난할수있어!: 개마고원에는 공항+철도역 복합 건물 생기면 좋을 것 같아요. 철도로

　　유라시아를 횡단~~

랑랑: 그치만 개마고원의 생태계를 파괴한다면 철로, 공항 다 안 짓는다 해도 좋을

　　것 같아요…

레나: 저는 북한은 많이 개발 안 했으면 좋겠어요. ㅠㅠ 외국처럼 ㅠㅠ 우리나라도

　　자연환경 지키면서 공원 많은 지역으로 개마고원은

난할수있어!: 왠지 지켜주고 싶긴 하죠

맥스: 관광특구로 지정해서 그 모습 그대로를 좀 지킬 수 있었으면.

난할수있어!: 자연은 그대로 두되 최대한 있는 지형을 가지고 북한의 색을 그대로 갖고 있었으면 좋겠어요

주니: 아! 질문을 조금 바꿀게요. "경제적 통합이 이루어지면 북한이 어떻게 발전했으면 좋겠습니까?" 어떤 모습이 되었으면 좋을까요?

랑랑: 경제적으로 통합되려면 북한 주민들에게 '자본주의'라는 이념에 대한 이해를 높이는 게 우선이라고 생각합니다. 요즘 북한에서 장마당이 활성화되있어서 이미 자본의 생리를 자연스레 체득했다고 보는 분석도 있는데 철저하게 다른 사상 속에서 살아왔기 때문에 경제적인 통합책에 맞게 양측 모두 이해가 시급하다고 생각해요!

최합: 저는 중국과 북한의 관계도 어느 정도 정리가 필요할 것 같아요. 사실 잘 모르지만, 남한과 북한이 통일이 되려면 주변 국가에서 독립이 필요할 것 같아요, 북한이 중국에 의존도도 있고 이해관계가 다 걸려있고 필요하지만….

김해: 북한의 자원은 이미 고갈상태라 사실상 관광업이나 이런 쪽에 외는 기대할 만한 가치가 없다는 것에 한표…. 분리된 각국에서 협업을 통하여 다방면으로 발전시키는 게 더 좋다고 생각합니다

J: 경제적 통합이 이루어진다면 중국과 같이 사회주의 체제와 자본주의 체제가 합해진 모양이 되겠죠?? 북한이 사회주의 체제라기엔 세습제 왕권체제의 모습과 비슷하므로 지금과 크게 달라질까 봐 궁금하기는 하네요! 결국엔 북한 지도층 배를 불리기 식이 되지는 않을지 걱정도 되고요...

김해: 그리고 지도자가 두 명이 될 수 없으니 통일은 사실상 불가능하다고 생각해요

파파: 미국이나 영국처럼 연합국의 형태가 되지 않을까 추측합니다

김해: 그런 부분도 있겠네요

J: 여권을 가지고 서로 왕래 정도만 가능해지지 않을까요?? 북한에서 한국 넘어오는 건 거의 불가능할 것도...

주니: 독일도 '여행 자유'에서 통일이 시작되었습니다. ^^ 주니의 '예언'

4월 이후 '면접'보시는 분들은 '통일'관련 질문을 받을 수 있습니다. 준비해 두시면 반드시 도움이 될 것입니다. '정답'을 찾는 것보다 '자신의 의견'의 근거를 찾고 또 '깊은 사고'를 하시길 바랍니다. ^^

대화명: OO, 맥스, 랑랑, 난할수있어!, 레나, 최합, 김해, J, 파파 님께 감사드립니다.

■ 참고문헌

통일 필요성의 재인식 (2011.07) | P21~22

지은이: 고성준(제주대 교수)

발행처: 통일부 통일교육원

2018 통일백서 | P29~30

발행처: 통일부(2018)

한반도 통일의 효과 | P112

발행처: 통일연구원 (2014.12)

독일통일총서 1 군사 분야 통합 관련 정책문서 | P40

발행처: 통일부(2013.12)

독일통일총서 10 군사 분야 통합 관련 정책문서 | P73

발행처: 통일부(2015)

언어생활 | P32

발행처: 일부 하나원 교육기획과(2017.03)

미래, 진화의 코드를 읽어라 | P245

지은이: 마티아르 호르크스

옮긴이: 이온화

발행처: 넥서스BOOKS (2004)

피터 드러커 미래를 읽는 힘 | P245

지은이: 고바야시 가오루

옮긴이: 남상진

발행처: 청림출판 (2002)

Turning Point Globa Agenda2017 | P117

CEO&Publisher: 이백규

발행처: (주)뉴스1

미래를 읽는 기술 (The Art of the Long View) | P104

지은이: 피터 슈워츠

옮긴이: 박슬라 옮김

발행처: 비즈니스북스 (2004)

미래와의 대화 | P116

지은이: 토머스 프레이

옮긴이: 이미숙

발행처: 북스토리(2016)

새로운 미래가 온다 | P13~18

지은이: 다니엘 핑크

옮긴이: 김명철

발행처: 한국경제신문(2009)

■ 참고문헌

플랫폼 전략

지은이: 히라노 아쓰시 칼, 안드레이 학주

옮긴이: 천채정

발행처: 더숲(2010)

구글이 목표를 달성하는 방식 OKR

지은이: 크리스티나 워드케

옮긴이: 박수성

발행처: 한국경제신문(2016)

아웃라이어

지은이: 말콤 글레드웰

옮긴이: 노정태

발행처: 김영사

AHP 기법을 이용한 성과측정지표의 중요도와 활용도가 경영성과에 미치는 영향

지은이: 김상우(Kim, Sang - Woo)

발행처: 대한회계학회

미래를 읽는 기술

지은이: 에릭 갈랜드

옮긴이: 손민중

발행처: 한국경제신문 (2007)

시작을 시작하라

지은이: 곽랑주, 김성천

발행처: 항공신문(2019)

기본으로

지은이: 김성천, 곽랑주

발행처: 항공신문(2019)

착한 가상화폐는 블록 체인을 살린다 : 블록체인 기술과 응용

지은이: 김종현

발행처: 정음서원(2018)

미래와 세상

지은이: 이영탁

발행처: 미래를 소유한 사람들 (2010)

미래의 물결

지은이: 자크 아탈리

옮긴이: 양영란

발행처: 위즈덤하우스 (2007)

"통일나무한그루" 소개:

통일나무한그루는 남북 평화 통일에 기여한다는 목적으로 2013년 설립한 서울시 비영리 민간단체(대표: 권도경)이다.

저자 김상우는 상임 부위원장으로 평화통일 사업 관련 연구 및 자문을 하고 있으며, 저자 곽랑주는 미래산업 분과위원으로 통일경제에 대한 자문을 제공하고 있다.

* 주요 사업

1. 민통선 지역인 파주시 진동면 하포리 임진강변에 **통일텃밭** 조성

2. **통일나무 심기** 운동

3. **DMZ 평화 음악회,**

4. **평화통일 특강,**

5. **고구려 덕진산성** 등 **DMZ 주변 유적**을 탐방

6. **청소년 통일소풍,**

7. **통일김장 나누기** 등

8. 남북 **농업 교류** 사업 준비

9. **문화유산** 자료수집 및 연구

10. 남북한 **학생 교류 촉진** 사업

www.tong1.org

"통일과 4차산업" 연구포럼 안내:

통일과 4차산업에 관심이 있으신 분은

밴드주소 http://band.us/@4korea 로 오시기 바랍니다.

* 연구 활동 계획

1. 명사초청 특강

2. 통일정책 공동 연구 모임

3. 4차산업 관련 전문가 네트워킹

4. 통일 후 비즈니스 아이템 연구 개발

5. 통일 관련 비즈니스 '사업자와 투자자 매칭' 프로그램 운영

6. 미래산업 분석기법 공동 연구

7. 청년 취업 지원 사업

8. 직업 전환 커리어 코칭

9. AI 알고리즘 개발 및 연구

10. 통일과 4차산업 관련 세미나 개최

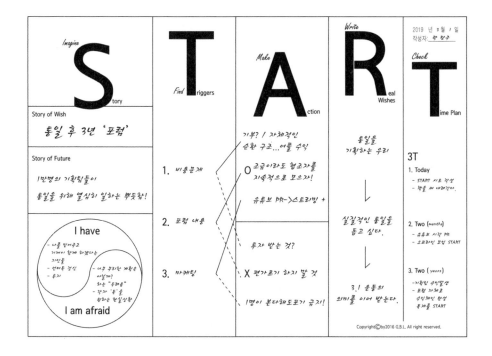

시작을 시작하라(2019) 의

START sheet를 활용한 통일 프로젝트 1장 plan

우리 민족의 후손들이

옛 고구려보다 더

'세계의 중심'이 되는 나라에서

살게 되는 날을

바라고, 또 바란다.

그래서 그들이 스스로의

꿈과 기회를 맘껏 펼칠

그날을 기다리며.

논문 정리 요약, 자료편집에 도움을 주신 최형욱 최연재 두 분께 특별한 인사를 드립니다. 두 분의 기여로 폭넓은 편집이 가능했습니다. 고맙습니다.

또, **본 책자의 편집에 도움을 주신 김온누리, 이지현, 박지은, 송현정, 최현욱, 한지현, 조다혜, 김한결** 8명의 제자들에게 '정말 도움이 많이 되었다'는 말씀을 전해드립니다. 고맙습니다.

(4차산업시대를 반영한) 통일 후 3년 = One Korea, and then?
/ 곽랑주,김경현,김상우 지음 - 서울 : 더 本 basic forum, 2019
200P 1cm

ISBN   979-11-963880-4-1 03340 : ₩15000

남북 통일[南北統一]
4차 산업[四次産業]

340.911-KDC6
320.9519-DDC23   CIP2019002791

4차산업시대를 반영한
통일 후 3년
ⓒ 곽랑주 김경현 김상우 2019

발 행 일 | 2019.03.01.
지 은 이 | 곽랑주, 김경현, 김상우

발 행 처 | 항공신문
대   표 | 조재은
출판등록 | 제 2018-000054 호 (2018년 05월 10일)

주   소 | 서울시 강서구 방화대로270 태양빌딩 2층
대표전화 | 02-6080-1110
홈페이지 | http://www. 4korea.co.kr

강연문의 | writerkwack@naver.com / 010-7704-1905
          yjo67@daum.net / 010-3732-4389
          ktiger61@daum.net / 010-7598-5225

ISBN 979-11-963880-4-1 03340
₩15000